Für Elizabeth Mapstone,
meine stets anregende und konstruktive Kritikerin

John Tyerman Williams

DIE PROPHEZEIUNGEN DES PUDRADAMUS

Der esoterische Bär und die Weltmysterien

Aus dem Englischen von
Ulrike Wasel und Klaus Timmermann

Hoffmann und Campe

Die Originalausgabe erschien unter dem Titel
Pooh and the Ancient Mysteries bei Methuen, London

Copyright © 1997 by John Tyerman Williams
Deutsche Ausgabe
Copyright © 1998 by Hoffmann und Campe Verlag, Hamburg
Schutzumschlaggestaltung: Jens Schlockermann unter
Verwendung der Illustrationen der Originalausgabe
Satz: Utesch GmbH, Hamburg
Druck und Bindung: Clausen & Bosse, Leck
Printed in Germany

Danksagung

Ich danke meinem Verleger Geoffrey Strachan, der dieses Buch nicht nur in Auftrag gab, sondern mich auch während meiner Arbeit ständig ermutigte und mit differenzierter Kritik unterstützte. Bob Lawrence, der sich den Titel einfallen ließ und das Diagramm des sephirotischen Baumes beisteuerte, war mir mit seinem Fachwissen über die Kabbala eine wertvolle Hilfe. Ich möchte auf meine bleibende Dankesschuld gegenüber dem kürzlich verstorbenen Tim Lumley-Smith of Lavethan verweisen, der mein Interesse für die Weltmysterien überhaupt erst weckte. Zu guter Letzt möchte ich zum Ausdruck bringen, daß ich mich glücklich schätzen durfte, in Georgina Allen eine stets aufmerksame Lektorin gehabt zu haben, der ich viele Verbesserungsvorschläge verdanke.

INHALT

1
PU UND DIE JAHRTAUSENDWENDE

Jetzt, da sich das zweite Jahrtausend unserer Zeit-
rechnung der Vollendung nähert, werden alle Schüler des Großen Bären, alle wahren Ursinologen mit
Recht eine bedeutende Offenbarung erwarten. Ich
freue mich, verkünden zu können, daß sie in ihren
Erwartungen nicht enttäuscht werden. Ebenso, wie
vor einem halben Jahrtausend entdeckt wurde, daß
das Universum unendlich ist, so wird das neue
Zeitalter zeigen, daß die Welt von Pu unendlich ist,
in spiritueller und intellektueller Hinsicht von glei-
chem esoterischem Rang wie der Garten Eden, das
Goldene Zeitalter und die Inseln der Glückseligen.
Ein kurzer Blick auf die Weltmysterien, die in den
scheinbar kindlichen Geschichten in unseren beiden Texten *Pu der Bär* und *Pu baut ein Haus* enthalten sind, müßte eigentlich den letzten Zweifler
überzeugen.

Nehmen wir zuerst die Astrologie. Der Große Bär
ist das bekannteste Sternbild am Himmel: Schon al-

11

lein der Name erinnert uns an A. A. Milnes Großen Bären und macht uns auf dessen astrologische Bedeutung aufmerksam. Die Alchimie ermöglicht uns ein tieferes Verständnis von Pu Bärs Honigtopf, eine eindeutige Parallele zum Schmelztiegel des Alchimisten, dem Gerät, mit dem unedle Metalle in Gold verwandelt wurden. Genügt nicht schon ein Blick auf die Vorsatzblätter von *Pu der Bär,* um zu erkennen, daß Bäumen in dem Buch eine herausragende Rolle zukommt? Muß man dabei nicht sofort an die Legenden von den alten Druiden denken? In all diesen Fällen liegen die Zusammenhänge so deutlich auf der Hand, daß mir lediglich die mühelose und zugleich ergötzliche Aufgabe bleibt, die offenkundigen Fakten zu ergänzen und näher auszuführen. Die Bezüge zu einigen anderen Weltmysterien mögen vielleicht tiefer verborgen sein.

Vorab muß ich mich bei den Eingeweihten entschuldigen, die den Vorhang bereits durchschnitten und das Allerheiligste betreten haben, aber bestimmt werden einige Pus Topf nicht sofort mit dem Heiligen Gral gleichsetzen oder in Pu einen überragenden Deuter des Tarot erkennen, einen Führer durch die einzelnen Phasen der Initiation, einen okkulten Magus, eine Noahfigur. Außerdem kann es sein, daß auch diejenigen, die mit der Kabbala vertraut sind – der großen Lehre, die dem gesamten westlichen Okkultismus zugrunde liegt –, überzeugt werden müssen, daß Pu deren herausragendster Vertreter und Deuter ist. Und schließlich muß ich gestehen, daß ich selbst, bevor ich mich auf diese Suche begab, nicht auf die wohl erstaunlichste Enthüllung überhaupt gefaßt war: daß nämlich die vordergründig männliche Gesellschaft des Pu-Zyklus auf einer ganz tiefen Ebene eine Offenbarung der weiblichen Mysterien umschließt. Ich denke, daß ich am Ende dieses Buches erschöpfend aufgezeigt haben werde, daß Pus Wissen um die Weltmysterien nicht nur den Beleg für seinen tatsächlich enormen Verstand liefert, sondern auch für seine grenzenlose Spiritualität.

Warum dieses Büchlein solch hohen Ansprüchen gerecht wird

Nach derlei hochtrabenden Ankündigungen ist es an der Zeit, den Weg zu beschreiben, dem wir folgen wollen, und ihm ein festes Fundament zu geben.

Pus Welt mag zwar endlos sein, dieses Buch ist es jedoch nicht. Daher müssen wir notwendigerweise eine Auswahl treffen, womit eine Frage beantwortet wird, die sich einige Leser vielleicht stellen werden. Gewiß ist ihnen klar, daß zwischen A. A. Milne und dem großen Dante Alighieri eine unübersehbare Parallele besteht. Für sie ist es deshalb eine Tatsache, daß Milne uns sein *Paradiso* geschenkt hat, aber wo, so werden sie fragen, sind sein *Purgatorio* und sein *Inferno*? Ohne diese Werke, so mögen sie argumentieren, ist das spirituelle Universum eindeutig unvollständig. Die Antwort liegt in Milnes offensichtlicher Zielsetzung: uns auf das dritte Jahrtausend vorzubereiten. Dazu mußte er uns nichts über das infernalisch Böse beibringen. Damit kennen wir uns nur allzugut aus. Schmerzlich fremd ist uns dagegen eine Vorstellung vom Paradies, und es könnte vielleicht auch nicht schaden, an das Fegefeuer erinnert zu werden, sozusagen als Voraussetzung für den Eintritt ins Paradies. Genau das wollte Milne uns zeigen, und genau das ist ihm gelungen.

Kommen wir noch einmal auf die bevorstehende Enthüllung zu Pu und der Jahrtausendwende zurück.

Die Vorläufer dieser Enthüllung sind bereits erschienen. Frederick C. Crews hat uns in *The Pooh Perplex* (1963) einige der ungeahnten Möglichkeiten zur literarischen Interpretation von Milnes großartigem Werk dargelegt. Benjamin Hoff offenbarte uns in *Tao Te Puh* (1982) und *Pu der Bär, Ferkel und die Tugend des Nichtstuns* (1997) die in den Pu-Büchern enthaltene taoistische Weisheit. Im Jahre 1996 habe ich in meiner Studie *Jenseits von Pu und Böse* belegt, daß der Große Bär die gesamte abendländische Philosophie umfaßt. In Anbetracht der Tatsache, daß viele gelehrte Bücher über die Weltmysterien zuerst in Latein erschienen – lange Zeit die gemeinsame Sprache europäischer Gelehrter –, ist es darüber hinaus erwähnenswert, daß die Nachfrage nach lateinischen Ausgaben von Milnes Originaltexten (Alexander Lenards *Winnie Ille Pu* und Brian Staples' *Domus Anguli Puensis*) seit mehreren Jahrzehnten anhält.

Die Leser werden bemerken, daß die vorausgehenden Einblicke in die ursinianische Wahrheit immer rascher und in immer kürzeren Abständen aufeinanderfolgen, je näher die Jahrtausendwende rückt. Mit nichts anderem haben die Erforscher der Weltmysterien zu rechnen. Zeichen und Wunder häufen sich, je näher der Augenblick der Offenbarung rückt.

Selbst diejenigen, die in diesen Dingen nicht so beschlagen sind, erinnern sich vielleicht, daß Shakespeare – wie wir sehen werden, selbst ein großer Meister des okkulten Wissens – uns sagt, daß die Omen vor Caesars Tod dicht und rasch aufeinanderfolgten. Glücklicherweise kündigen die Zeichen, die ich die Ehre habe zu vermitteln, nicht Unheilvolles, sondern eine fröhliche Weisheit an.

An dieser Stelle ist es vielleicht angebracht, ausdrücklich darauf hinzuweisen, daß mir aus meiner Rolle, Pu als Meister der okkulten Überlieferung und als höchsten Magus der Weltmysterien zu enthüllen, keine persönliche Ehre erwächst. Im Laufe meines Studiums der tiefgründigen Milneschen Texte ist mir zunehmend klargeworden, daß ich von Mächten, die größer sind als ich – ja, von Mächten, die von den Inneren Welten ausgehen, vielleicht gar von den Astralsphären? –, geleitet wurde.

Es ist mir außerdem eine besondere Freude, meinen Lesern zwei Aspekte der ursinianischen Weisheit zu unterbreiten, die bislang nicht nur nicht erkannt, sondern sogar verfälscht wurden, nicht zuletzt auch von mir selbst.

Einige meiner Leser mag der Verweis auf die weiblichen Mysterien überrascht haben. Ich muß gestehen, daß ich mich implizit einer schweren Unterlassung schuldig gemacht habe, als ich *Jenseits von Pu und Böse* schrieb. Ich habe zwar mit Recht negiert, daß das Milnesche Werk rassistisch oder speziezistisch sei, aber zum Thema Sexismus habe ich geschwiegen. Jetzt freue ich mich, sagen zu können, daß ich nicht länger schweigen muß. Die ausführliche Erläuterung, wie die ursinianische Weisheit zu dieser Frage steht, muß zwar noch bis Kapitel zehn warten, aber ich kann bereits an dieser Stelle sagen, daß in dem Kapitel nicht nur die Rolle Kängas eingehender behandelt wird, sondern auch die Bedeutung etlicher leicht übersehener, aber ausgesprochen aufschlußreicher Beispiele für Geschlechtertausch in den Pu-Büchern.

Der zweite Irrtum, dessen ich mich schuldig bekennen muß, bestand darin, daß ich Pu als Lehrer oder Guru von Ferkel und Ferkel als seinen auserwählten Schüler oder *Chela* fehlgedeutet habe. Ich bezweifelte, daß Ferkel sich für diese Rolle eignete und infolgedessen daß Pu die richtige Wahl getroffen hatte. Aufgrund der im Rahmen meiner Arbeit an dem vorliegenden Buch erfolgten Beschäftigung mit spiritueller Unterweisung bin ich zu der Erkenntnis gelangt, daß Pu seinen treuen Freund und Schüler Schritt für Schritt weise lenkt, bis der am Ende sowohl Held als auch Heiliger wird – sich also als ein Schüler erweist, der der Gesellschaft seines Meisters durchaus würdig ist.

Der Grund für meinen ersten Fehler liegt teilweise in der übermäßigen Konzentration auf die rein intellektuelle Begabung des Großen Bären. Das ist zwar völlig verständlich, wenn es um eine Abhandlung über seine ausschließlich philosophischen Aspekte geht, doch sollte uns dies eine Warnung sein, daß kein Einzelaspekt von Pu auch nur annähernd die Fülle seiner Weisheit ausschöpfen kann. Als echte Ursinologen müssen wir uns stets vergegenwärtigen, daß wir bislang bestenfalls einige wenige Gebiete der grenzenlosen Welt von Pu ansatzweise erkundet haben.

Vergegenwärtigen wir uns zudem, sollten wir je eine Passage lesen, die uns zu der Vermutung verleitet, Pu sei in irgendeiner Weise im Irrtum, daß dieser Irrtum, wie die Erfahrung zeigt, nie bei Pu, sondern stets bei uns liegt. Intensiveres Nachdenken wird uns letztlich davon überzeugen. Ich sage »letztlich«, weil wir vielleicht genauso verbissen und lange mit dem Text ringen müssen wie Jakob mit dem Engel. Und wie bei Jakob werden Mut und Entschlossenheit uns am Ende für unsere Bemühungen belohnen.

Die Fehler, zu denen ich mich eben bekannt habe, sollten also meine Mitstudenten von Pu dazu ermutigen, weiter über die großartigen Texte nachzudenken. Vertrauen wir in aller Bescheidenheit darauf, daß sich durch gründliches Nachsinnen ganz allmählich der Nebel des Irrtums auflöst und das Licht der Wahrheit zutage tritt. Wenn wir in diesem Geiste vorgehen, können wir vielleicht einen kleinen Beitrag dazu leisten, jener totalen ursinianischen Offenbarung den Weg zu bereiten, die die Vollendung des zweiten Jahrtausends erleuchten wird.

Bevor ich meinen eigenen Beitrag konkreter darlege, möchte ich meine Leser in einem wichtigen Punkt beruhigen. Haben Sie keine Angst, daß mich mein Gefühl, auf den Weg zu Pus okkulter Weisheit geführt worden zu sein, in irgendeiner Weise meinem Anspruch an wissenschaftliche Genauigkeit und rigorose Logik entfremdet hätte, wie ihn die Leser von *Jenseits von Pu und Böse* von mir gewohnt sind.

Ich denke, ich sollte die Frage vorwegnehmen, die sich einige Leser mit Sicherheit stellen. Wie ist es möglich, werden sie sich verständlicherweise fragen, daß zwei kleine Bücher die ganze Bandbreite okkulter Themen abhandeln, die ich erwähnt habe? Das ist nur deshalb möglich, weil jedes Ereignis im Pu-Zyklus, jede Figur, ja, jede kleine Anspielung Symbol, Allegorie oder Metapher für etliche verschiedene Aspekte der esoterischen Weisheit ist.

Und nun, da eine solide Vertrauensbasis zwischen Leser und Autor geschaffen wurde, wollen wir, so-

19

weit es in unseren Möglichkeiten steht, in die Fußstapfen von Winnie-dem-Pu als Führergestalt zu
den Weltmysterien treten.

Wie macht Milne uns auf
das geheime Wissen aufmerksam,
das Pus Welt innewohnt?

Viele aufmerksame Leser der beiden großen Milneschen Meisterwerke sehen sich durch die äußerst
rätselhaften Anspielungen verwirrt, die sich in der
sogenannten »Vorstellung« zu *Pu der Bär* finden.
Gleich im ersten Absatz erfahren wir, daß Christopher Robin »mal einen Schwan hatte (oder der
Schwan hatte Christopher Robin; ich weiß nicht
mehr, wie das war) und daß er diesen Schwan Pu
nannte«. Es ist eine schmerzliche Tatsache, daß keiner meiner Mit-Ursinologen sich bislang bemüßigt
gesehen hat, diese kurze, aber beziehungsreiche
Passage zu erhellen.
Der zweite Absatz enthält eine längere und sogar
noch rätselhaftere Anspielung; nicht nur rätselhaft,
sondern auch beunruhigend:

Wenn Christopher Robin also in den Zoo
geht, geht er zu den Eisbären und flüstert
dem dritten Tierwärter von links etwas zu,
und Türen werden aufgeschlossen, und wir

wandern durch dunkle Gänge und steile Treppen hinauf, bis wir schließlich zu dem ganz besonderen Käfig kommen, und der Käfig wird geöffnet, und etwas Braunes und Pelziges trabt heraus, und mit einem frohen Schrei – »Ach, Bär!« – stürzt sich Christopher Robin in seine Arme. Und dieser Bär heißt Winnie, woran man merkt, was für ein guter Name für Bären das ist, aber das Merkwürdige ist, daß wir nicht mehr wissen, ob Winnie nach Pu benannt ist oder Pu nach Winnie. Wir wußten das mal, aber wir haben es vergessen ...

Wir haben es hier zweifelsohne mit einer äußerst problematischen Passage zu tun, die von jedem ernsthaften Ursinologen größte Aufmerksamkeit verlangt. Doch soweit ich in Erfahrung bringen konnte, hat sich bislang niemand in irgendeiner Weise dazu geäußert. An dieser Stelle können wir uns die Problematik lediglich bewußtmachen. Im weiteren Verlauf dieses Buches werden einige Lösungen vorgeschlagen, die der kritischen Betrachtung durch andere okkulte Ursinologen harren. Zunächst einmal halten wir fest, wo Milne diese Passage untergebracht hat: in der »Vorstellung« genannten Einleitung. Damit ist eindeutig gesagt, daß wir etwas erfahren, das für das Verständnis des Folgenden von wesentlicher Bedeutung ist. Doch die meisten Leser und, wie ich glaube, alle Autoren wissen, daß »Einleitungen« häufig nicht gelesen werden. Was sollen wir also davon halten? Wie läßt sich erklären, daß ein erfahrener Autor, ein exzellenter Profi auf seinem Gebiet, den Lesern wichtige Informationen an einer Stelle unterbreitet, die aller Wahrscheinlichkeit nach gar nicht beachtet wird?

Jeder Leser, der sich mit den Weltmysterien auskennt, wird dieses Paradoxon ohne weiteres verstehen. Für Autoren, die über derlei Themen schreiben, ist es bezeichnend, daß sie ihre Mysterien zugleich offenbaren und verbergen. Sie verbergen sie vor den Oberflächlichen, den Nachlässigen und den Hastigen. Selbst den lediglich Neugierigen offenbaren sie sie in einer Form, die die Neugier eher anstachelt als befriedigt. Nur die echten Wahrheitssuchenden werden die Herausforderung annehmen und den Weg der Eingeweihten suchen wollen. Und an sie richtet sich dieser elementare Leitfaden. Ich darf hinzufügen, daß Milne keinen Zweifel daran läßt, daß er es bewußt darauf anlegt, die Neugier der ernsthaft Wißbegierigen anzustacheln. Er gibt vor, nicht zu wissen, ob Christopher Robin den Schwan oder der Schwan Christopher Robin hatte. Noch merkwürdiger ist seine Bekundung, daß er mal wußte, ob Pu nach Winnie benannt war oder Winnie nach Pu, daß er es aber vergessen hat.

Wenn wir uns vor Augen führen, daß Milnes zwei ursinianische Werke sämtliche Abenteuer von Pu Bär und seinen Freunden detailliert wiedergeben und somit von einem ausgezeichneten Gedächtnis zeugen, können wir dann wirklich an diese vergebliche Vergeßlichkeit glauben? Gewiß nicht. Gewiß wollte Milne uns damit zu verstehen geben, daß in seinen Büchern irgendein Geheimnis verborgen ist. Etwas, dessen Erforschung sich der wahrhaft leidenschaftliche Ursinologe bis ans Ende seiner Tage verschreiben wird.

Der Schwan wird übrigens in Milnes Gedichtbändchen *When we were very young* erwähnt – aber natürlich nicht erklärt. Seine wahre Bedeutung, genauer gesagt, eine seiner wahren Bedeutungen erschließt sich uns erst in Kapitel sieben, wo sein Bezug zu Lohengrins Schwan erhellt wird. In Kapitel vier, wo wir Giordano Bruno begegnen, dem großen hermetischen Philosophen der Renaissance, erfahren wir dann, was es mit dem Bären im Käfig des Londoner Zoos auf sich hat.

Eingedenk dessen machen wir jetzt lediglich darauf aufmerksam, daß Milne selbst uns einen weiteren Hinweis gegeben hat. Er bezeichnet seine Vergeßlichkeit als das »Merkwürdige«. Jetzt, da wir uns seiner okkulten Absichten bewußt sind, erkennen wir, daß er wieder einmal bloß in die Fußstapfen der großen Meister der esoterischen Wahrheit tritt.

Er zeigt uns, wo wir nach den Geheimnissen forschen sollen, doch wenn wir sie verstehen wollen, müssen wir uns selbst auf die spirituelle Suche machen. Seine verschleierten Worte laden uns ein, den Schleier zu lüften und in die Mysterien zu spähen, die sie verbergen. Wieso hat man diese unmißverständliche Einladung nicht schon vor Jahren angenommen? Waren alle früheren Leser oberflächlich oder abgestumpft? Vielleicht, aber es gibt noch eine andere Erklärung, die nicht nur nachsichtiger ist, sondern auch den Schülern des Okkulten gerechter wird: vielleicht haben sie sich verpflichtet gefühlt, wie durch ein unausgesprochenes Gelöbnis, die Geheimnisse des Meisters zu bewahren.

Vielleicht fragen Sie sich, warum ich mich jetzt selbst zum Geheimnislüfter ernannt habe, der es sich zur Aufgabe gemacht hat, die den Geschichten von Pu und seinen Freunden zugrundeliegenden esoterischen Wahrheiten aufzudecken und Winnie-den-Pu zum Meister der Weltmysterien auszurufen. Womit kann ich eine solche Kühnheit rechtfertigen?

Darf ich Sie daran erinnern, daß die Kabbala jahrhundertelang eine absolut geheime Lehre war, die der Magus an sorgfältig ausgesuchte Schüler mündlich weitergab? Erst im zweiten Jahrhundert n. Chr. wurde das *Sepher Jezira* niedergeschrieben. Das vollständige *Buch Sohar* mußte bis 1290 warten.

Gedruckte Ausgaben erschienen im sechzehnten Jahrhundert. Warum die Kabbala zu ihrer Zeit veröffentlicht wurde, ist unklar. Aber warum der esoterische Charakter des Milneschen Opus ausgerechnet heute offenbar wird, liegt eindeutig auf der Hand: Dieser Zeitpunkt in der Menschheitsgeschichte ist dazu ausersehen, daß Winnie-der-Pu als Höchster Magus des dritten Jahrtausends in Erscheinung tritt.

2

PU UND DIE ASTROLOGIE

Wie vermittelt Milne uns
die astrologischen Aspekte von Pu?

Welches ist das bekannteste Sternbild am Nacht-
himmel? Zweifellos der Große Bär, verschiedent-
lich auch der Große Wagen genannt. Wer muß,
wenn er den Großen Bären am Himmel betrachtet,
nicht augenblicklich an den noch Größeren Bären
denken, dessen Weisheit zu erforschen wir die Ehre
haben?

Leider sehe ich mich aus Gründen der wissenschaftlichen Genauigkeit zu dem Hinweis gezwungen, daß dieser so überaus wichtige Zusammenhang nicht im allgemeinen Bewußtsein verankert
ist. Nachsicht, eine Eigenschaft, die nicht immer
mit wissenschaftlicher Genauigkeit einhergeht, mag
diese erstaunliche Ignoranz entschuldigen. Mit ihr
könnte man anführen, daß die unterschiedlichen
Namen viele Ahnungslose in die Irre geführt
haben. So ist es durchaus möglich, daß viele, die das
große nördliche Sternbild mühelos erkennen und
von Kindesbeinen an eine tiefe Zuneigung zu Pu

27

dem Bären hegen, beides nicht miteinander in Verbindung bringen konnten, und zwar schlicht und ergreifend deshalb, weil man sie nur den anderen Namen des Sternbildes gelehrt hat. Übrigens haben beide Namen für Pu ihre eigene okkulte Bedeutung.

Dennoch sollten wir eigentlich darauf gefaßt sein, daß die einzigartige Stellung unseres Großen Bären in unserer Welt auch in der Welt der Astrologie ihren Widerhall findet. Und genau das werden wir natürlich feststellen.

Wer erst im fortgeschrittenen Alter den stellaren Aspekt des Großen Bären erkannt hat, sollte sich wegen dieser intellektuellen Verspätung nicht allzusehr grämen. Ich selbst, der ich als Kind nur den Ausdruck Großer Wagen gelernt habe, muß gestehen, daß mir die bedeutsame Erleuchtung erst unlängst gekommen ist. Soll ich wirklich annehmen, daß es sich dabei um einen bloßen Zufall handelt? Wer das glaubt, glaubt wahrscheinlich auch, daß Winnie-der-Pu nicht der Höchste Magus des dritten Jahrtausends ist. Wir sollten derlei Absurditäten beiseite lassen und uns klarmachen, daß es in der Welt der Mysterien, die wir nun erkunden, keine Zufälle gibt. Wie frustrierend es doch ist, daß wir mangels ausreichender Informationen nicht in der Lage sind, Pus Horoskop zu stellen und mit meinem zu vergleichen! Unsere Intuition sagt uns jedoch, daß diese hypothetischen Horoskope zeigen würden, daß ich, in meinem Arbeitszimmer in Tintagel sitzend, dazu bestimmt war, die entscheidende Entdeckung zu machen – genau zum richtigen Zeitpunkt. Nämlich genau in dem Moment, als ich genügend Fortschritte gemacht hatte, um die Botschaft zu empfangen und sie in dem Augenblick mitzuteilen, in dem sie am dringendsten gebraucht wird – jetzt. Jetzt, da wir uns alle auf das Jahr Zweitausend vorbereiten müssen.

Sonnenzeichen und Pu

Sicherlich haben die meisten von uns schon irgendwann einmal einen Blick auf ihr Zeitschriftenhoroskop geworfen. Wir kennen vermutlich alle die Namen der zwölf Tierkreiszeichen und unser eigenes – Stier, Zwillinge und so weiter. Dabei handelt es sich um unser Sonnenzeichen, das Tierkreiszeichen, in dem die Sonne im Augenblick unserer Geburt – oder unserer Empfängnis, wie manche meinen – stand. Natürlich erschöpft sich die Astrologie nicht ausschließlich in der Beschäftigung mit den Sonnenzeichen, aber die Astrologen sind der einhelligen Meinung, daß die Sonnenzeichen ungeheuer wichtige Indikatoren für unsere Persönlichkeit sind.

Milne, seinen wahrhaft aufmerksamen und scharfsinnigen Lesern wie immer behilflich, hat etwa zu Beginn des vierten Kapitels von *Pu baut ein Haus* die Sonne und Pu zusammengebracht. Für den Fall, daß uns die astrologische Bedeutung dieser Tatsache entgehen sollte, zeigt uns E. H. Shepard direkt über der Erwähnung der Sonne im Text, wie Pu auf einem Stein in der Mitte eines Baches sitzt, sich in der Sonne wärmt und ganz offensichtlich den Himmel betrachtet. Um keinen Zweifel an der Bedeutung aufkommen zu lassen, hat Shepard in Pus

Blickrichtung eine Libelle plaziert, wobei in diesem Zusammenhang deren englischer Name ausschlaggebend ist: *dragonfly! Dragon,* also der Drache, ist eine unmißverständliche Anspielung auf das Sternbild »Drache«, das dem Großen Bären am nördlichen Himmel am nächsten steht.

Dank dieses Wissens wird uns nun klar, was wir zuvor vielleicht übersehen haben: daß es nämlich eine eindeutig astrologische Bedeutung hat, wenn Pu im ersten Kapitel von *Pu der Bär* auf einen Baum klettert und anschließend auf der Suche nach Honig mit einem Ballon aufsteigt. Diese Episode ist so bekannt, daß sie an dieser Stelle nicht im einzelnen wiedergegeben werden muß. Doch sollten wir auf keinen Fall vergessen, daß Honig im Zusammenhang mit den Mysterien häufig Wahrheit symbolisiert. Des weiteren sollten wir bedenken, daß der Baum, den Pu besteigt, in astrologischer Hinsicht für das Observatorium des Astrologen steht. Demzufolge sucht er nach der Wahrheit, indem er zu den himmlischen Regionen aufsteigt.

Als ein Ast bricht und er zu Boden fällt, stellt er fest: »Es kommt alles daher, daß man Honig so sehr schätzt!« Damit akzeptiert er, daß seine astrologische Suche nach dem Honig der Wahrheit schwierig und gefährlich ist.

Unbeirrt unternimmt er einen neuen Anlauf, diesmal mit Hilfe eines Ballons, den er sich von dem hilfsbereiten, aber verständnislosen Christopher Robin ausleiht. Erneut scheint Pu zu scheitern. Er verkündet, daß die Bienen die falsche Sorte Bienen sind: ein Urteil, das dadurch bestätigt wird, daß er von einer gestochen wird. Schließlich bittet er Christopher Robin, den Ballon abzuschießen, um ihn auf die Erde zurückzuholen.

Diese kurze Episode veranschaulicht nicht nur die Gefahren der astrologischen Forschung, sondern auch das Bedürfnis – was allzuoft von Okkultisten vergessen wird –, auf festen Boden zurückzukehren. Wer das einmal verstanden hat, wird nie wieder dem absurden, aber weitverbreiteten Irrtum anheimfallen, Winnie-den-Pu für einen dummen, kleinen Bären zu halten, dem aus reiner Gefräßigkeit ein böses Mißgeschick unterläuft, der sich daraufhin aus dem gleichen Grunde einen absurden Plan ausdenkt und schließlich scheitert. Nein, am Ende wird die Erkenntnis stehen, daß selbst der leidenschaftlichste Astrologe sich nicht so sehr in die Betrachtung des Himmels versenken darf, daß er nicht mehr sicher zur Erde zurückfindet. Das ist die Lehre, die Pu uns so überzeugend vor Augen führt. Außerdem erkennen wir, und das nicht zum letzten Mal, seine Bereitschaft, um unseret-, seiner Schüler willen, die eigene Sicherheit und Würde aufs Spiel zu setzen.

Da wir weder den genauen Zeitpunkt noch das Da-

32

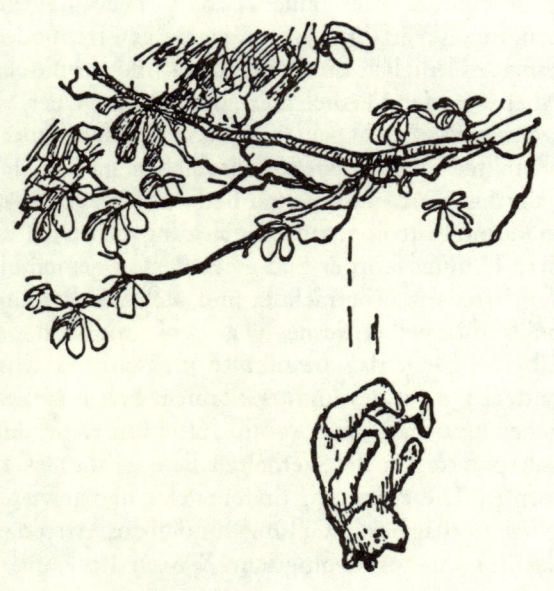

tum von Pus Geburt kennen, können wir weder sein
Horoskop stellen noch sein Sonnenzeichen ermitteln. Genausowenig wissen wir über seine Freunde.
Da wir demzufolge auch deren Horoskop nicht stellen können, ist es uns unmöglich, von deren Sonnenzeichen auf ihren Charakter zu schließen. Allerdings
lassen sich möglicherweise Rückschlüsse von ihrem

Charakter auf ihre Sonnenzeichen ziehen. Zugegeben, dieses Verfahren ist ein wenig gewagt, und es kann uns lediglich ein vereinfachtes Bild vermitteln. Aber es ist den Versuch wert, und ich bin sicher, Sie werden überrascht sein, wie gut einige der Figuren charakterlich zu den Sonnenzeichen passen. Ich habe das Wort »passen« mit Bedacht verwendet, da moderne Astrologen die Beziehung zwischen einem Himmelskörper und einer Person gemeinhin synchronistisch betrachten und nicht als Prägung im traditionellen Sinne. Das heißt, sie sind der Überzeugung, daß bestimmte menschliche Charakterzüge mit bestimmten Sonnenzeichen einhergehen und daß diese somit aufschlußreiche Anhaltspunkte für das Verhalten liefern, statt es zu formen. Diese Haltung findet auch einen gewissen Niederschlag bei C. G. Jung, für den die Astrologie das gesamte psychologische Wissen der Antike zusammenfaßt.

Hierzu einige Beispiele. Zum besseren Verständnis sind die entsprechenden Geburtsdaten nach der ersten Erwähnung des jeweiligen Sonnenzeichens in Klammern angegeben.

Tieger

Fangen wir mit Tieger an, einer starken, ausgeprägten Persönlichkeit. Bei ihrer ersten Begegnung
fragt Pu:

>>Mögen Tieger Honig?<<
>>Sie mögen alles<<, sagte Tieger vergnügt.

Man beachte: Tieger sagt, er mag alles, und er sagt
es vergnügt. Am nächsten Morgen attackiert er Pus
Tischtuch.

... mit einem lauten *Worraworraworraworraworra* sprang er das Tischtuch an, zerrte es
zu Boden, wickelte sich dreimal darin ein,
wälzte sich quer durchs Zimmer und steckte,
nach einem schrecklichen Kampf, den Kopf
wieder ans Tageslicht und sagte wohlgemut:
>>Habe ich gesiegt?<<

Schon jetzt können wir mit Sicherheit sagen, daß
wir es mit einem typischen Schützen zu tun haben
(23. November–21. Dezember).
Sein Angriff auf Pus Tischtuch zeigt ihn aggressiv,
aber vergnügt. Nur ein einziges Mal verläßt ihn
seine vergnügte Stimmung, und zwar, als er I-Ah
voller Ungestüm in den Fluß gestoßen hat. Aus

Verlegenheit ist er nicht ganz so ehrlich wie sonst, denn er legt die typische Unfähigkeit des Schützen an den Tag, überzeugend zu lügen. Zunächst streitet er ab, überhaupt ungestüm gewesen zu sein, und behauptet, nur gehustet zu haben. Schließlich räumt er ein, daß er »irgendwie ungehustet« war. Diese untypische Unaufrichtigkeit zeigt, daß er ziemlich durcheinander sein muß. Doch gleich darauf ist er wieder der Alte. Wie Kaninchen später sagt: »Tieger bleiben nie immer traurig. Sie kommen erstaunlich schnell darüber hinweg.« Auch das ist typisch für Schützen.

Als Ruh fragt, ob Tieger schwimmen können, antwortet Tieger: »Tieger können alles.« Er fügt hinzu, daß sie besser als Pu auf Bäume klettern können: die typische Prahlerei des Schützen, die sich bald als falsch erweisen soll. Er schwingt sich jedoch tatsächlich dazu auf, den Baum zu besteigen, und das mit Ruh auf dem Rücken. Erst der Abstieg bringt seine Unzulänglichkeit an den Tag. Als er fast den Wipfel erreicht hat, stellt er fest, daß er nicht wieder hinabkann, und muß von Christopher Robin und seinen Freunden gerettet werden. Obwohl er bei seinen Kletterkünsten übertrieben hat, stehen seine Körperkraft und seine Vorliebe für Aktivitäten im Freien außer Frage. Auch dies sind typische Eigenschaften des Schützen.

Tiegers Vitalität ist geradezu überwältigend. Derart

überwältigend – »ungestüm«, wie seine Gefährten es nennen –, daß das siebte Kapitel von *Pu baut ein Haus* die Überschrift trägt: »In welchem Tieger gestüm gemacht wird«. Wie sich jedoch alle Ursinianer erinnern werden, scheitert der Versuch, Tieger gestüm zu machen, auf der ganzen Linie. Kaninchen, das den Gestümisierungsplan ausgeheckt hat, verirrt sich hoffnungslos im Wald, derweil Tieger mit immensem Ungestüm »durch den Wald raste«, um nach ihm zu suchen.

Und schließlich hörte ihn ein sehr kleines und jammervolles Kaninchen ... [und] rannte durch den Nebel auf den Lärm zu, und der Lärm verwandelte sich plötzlich in Tieger; einen freundlichen Tieger, einen großartigen Tieger, einen großen und hilfreichen Tieger, der ... mit haargenau jener Anmut umhersprang, mit der Tieger umherspringen sollten.
»Ach, Tieger, was *bin* ich froh, dich zu sehen«, schrie Kaninchen.

Zusammenfassend läßt sich sagen, daß Tieger unbezähmbar vergnügt ist, voller Energie, optimistisch und prahlerisch – manchmal unangebrachterweise –, häufig unbeholfen und taktlos, was ihm aber seine Freunde, die ihn uneingeschränkt lieben, stets verzeihen. Niemand nimmt ihm seine Taktlosigkeit lange übel. Wir erinnern uns, daß der oft griesgrämige I-Ah ihm schon bald verzeiht, daß Tieger ihn »ungehustet« in den Fluß befördert hat. I-Ah ist kaum wieder trocken, als sie auch schon zusammen weggehen, »weil I-Ah Tieger sagen wollte, wie man beim Pu-Stöcke-Spielen gewinnt«. Könnte es einen überzeugenderen Beweis dafür geben, daß Tieger Schütze ist?

Kaninchen

Kaninchens Versuch, Tieger gestüm zu machen, war ein demütigender Fehlschlag, doch das Kaninchen, das uns vertraut ist, ist im Grunde genauso selbstbewußt wie Tieger. Sein Selbstvertrauen manifestiert sich jedoch völlig anders, und zwar auf eine Art und Weise, die Milne selbst als typisch »für einen Hauptmann oder Kapitän« bezeichnet.

Dies war einer von den Tagen, an denen für Kaninchen viel los war; es würde alle Hände voll zu tun haben; das merkte es schon, als es aufwachte: dies Gefühl, als hinge alles von ihm ab. Es war genau der Tag, um etwas-zu-organisieren oder etwas-gez.-Kaninchen zu verfassen ... ein Tag für einen Hauptmann oder Kapitän, wenn jeder sagte: »Ja, Kaninchen!« und »Nein, Kaninchen!« und wartete, bis Kaninchen Bescheid gesagt hatte.

Für den astrologisch bewanderten Ursinologen liegt auf der Hand, daß Kaninchen Löwe ist (23. Juli–23. August). Daran läßt die eben zitierte Passage keinen Zweifel. Pläne zu schmieden und sie anderen aufzudrängen ist typisch für Löwen. Kaninchens Plan, Tieger gestüm zu machen, scheiterte zwar, aber wir erinnern uns auch, daß es Kaninchens Plan war, Klein Ruh zu entführen, um Känga Angst einzujagen, damit sie aus dem Wald verschwindet. Diesmal gelang es Kaninchen, den Plan bis zu einem gewissen Punkt in die Tat umzusetzen. Ruh wurde entführt, aber Känga wußte, daß niemand ihm ein Haar krümmen würde, und blieb daher unbeirrt im Wald.

Welche tiefere Bedeutung dieser Episode zugrunde liegt, werden wir erst im zehnten Kapitel erfahren, wo wir uns intensiv mit Känga beschäftigen. Hier geht es uns nur um Kaninchens Sonnenzeichen. Führungskraft ist dessen hervorstechendes Merkmal, und man hört oft, daß der Löwe im Kreise von Freunden ein guter Organisator ist. Niemand würde dem leidenschaftlicher zustimmen als Kaninchen selbst. Eine natürliche Schwäche des Löwen ist allerdings seine Neigung zur Herrschsucht, die jedoch, wie fairerweise gesagt werden muß, durch die für Löwen ebenfalls typische Gastfreundlichkeit ausgeglichen wird. Wie Pu es ausgedrückt hat: »… Kaninchen bedeutet Gesellschaft […] und Gesellschaft bedeutet Essen und Mir-beim-Summen-Zuhören und ähnliches in der Art.« Selbst die größten Skeptiker müssen die Beweiskraft dieses Beleges akzeptieren.

So mancher Leser, der sich ein wenig mit Astrologie auskennt, mag an dieser Stelle einwenden, daß ich unzulässig verkürze. Auch wenn sie zugeben, daß Tiger dem ihm zugeordneten Sonnenzeichen geradezu beispielhaft entspricht, so könnten sie dennoch in Zweifel ziehen, daß Kaninchen Löwe ist. Der typische Löwe, so werden sie sagen, ist sowohl in physischer als auch in psychischer Hinsicht beeindruckend. Kaninchen ist zwar durchaus herrschsüchtig, aber wohl niemand würde es als beeindruckend bezeichnen. Es organisiert gern, aber es läßt sich beileibe nicht als guter Zuhörer bezeichnen, was typische Löwen nun mal sind.

Doch im großen und ganzen entsprechen Tiger und Kaninchen ihren jeweiligen hypothetischen Sonnenzeichen erstaunlich gut. Zudem stimmen alle Astrologen darin überein, daß Sonnenzeichen zwar sehr aufschlußreich sind, daß sie aber zugleich durch viele andere Faktoren modifiziert werden. Hätten wir die zur Erstellung eines Horoskops erforderlichen Informationen, könnten wir ganz sicher erkennen, warum Kaninchens Pläne so häufig zum Scheitern verurteilt sind. Und wir wüßten, warum Pu Bär die für ihn typische Weisheit an den Tag legt, wenn er sich so zurechtsetzt, »daß er Kaninchen ganz bequem nicht zuhören konnte ...«

I-Ah

Ich habe lange gezögert, I-Ah einem Sonnenzeichen zuzuordnen. Schließlich bescherte mir die Beschäftigung mit dem Einfluß der Planetenkonstellation eine Lösung des Problems. Daß Saturn eine starke Wirkung ausübte, war naheliegend, doch erst, als ich Saturn in Jungfrau (24. August–22. September) zu Rate zog, wußte ich, daß ich die Antwort gefunden hatte. Großer Ernst, der sich bis zu Bedrücktheit und Pessimismus steigern kann, sowie mangelndes Selbstvertrauen sind typisch für diese Kombination: diese Eigenschaften wiesen eindeutig auf I-Ah hin.

Die weitere Erforschung des typischen Jungfrau-Charakters führte zwar zu einer nicht ganz so eingängigen Übereinstimmung wie bei Tieger oder Kaninchen, aber alles in allem sah ich mich hinreichend bestätigt. Obwohl I-Ah der Inbegriff des Lasttieres ist, können wir wohl kaum sagen, daß I-Ah der geborene Diener ist oder jemand, der für andere da ist, wie man es einem Jungfrau-Geborenen gemeinhin nachsagt. Aber er ist ein Einzelgänger. Er ist analytisch. (Es sei daran erinnert, daß er, als wir ihm das erste Mal begegnen, laut über alles nachdenkt und sich solche Fragen stellt wie »Warum?« und »Wozu?« und »Inwiefern?«.) Er ist äußerst kritisch und hin und wieder pedantisch, wie beispielsweise beim Aufbruch zur Nordpolexpotition. Er ist bereit, das Schlußlicht der Expotition zu bilden. »Aber wenn ich jedesmal, wenn ich mich für eine kurze Verschnaufpause hinsetzen möchte, zuerst ein halbes Dutzend von Kaninchens kleineren Bekannten und Verwandten abbürsten muß, dann ist das in meinen Augen keine Expo- also das, was es ist – mehr, sondern ganz einfach heillose Verwirrung, noch dazu mit Lärm verbunden.« Das ist typisch für die Jungfrau, erst recht, wenn der Einfluß von Saturn stark ist.

Ferkel

Neben Pu selbst ist Ferkel vielleicht die beliebteste von Milnes Figuren. Daher ist es nur verständlich, wenn meine Leser erwarten, etwas über seinen Platz in der Astrologie zu erfahren. Ich muß zugeben, daß das kein geringes Problem darstellt, da Ferkel sich weitaus stärker verändert und entwickelt als irgend jemand sonst von seinen Freunden.

Zunächst ist Ferkel warmherzig und liebenswert, aber alles andere als beeindruckend. Doch am Ende wird ihm die größte Ehre zuteil, zu Pu Bär ziehen zu dürfen. Was bedeutet das aus astrologischer Sicht?

Auf den ersten Blick schien ihm kein einziges Sonnenzeichen eindeutig zuzuordnen zu sein. Doch bei näherer Betrachtung paßten viele Charakterzüge des Krebses (22. Juni–22. Juli) tatsächlich auf Ferkel. Der typische Krebs ist überaus warmherzig

und hat einen ausgeprägten Familiensinn, er ist beeinflußbar, sensibel und furchtsam, Eigenschaften, die zum Teil offensichtlich auf Ferkel zutreffen.

Sein freundliches Wesen wird gleich zu Anfang betont. Ferkel ist häufiger als jede andere Figur mit Pu zusammen. Es ist stets loyal und bewundernd, selbst wenn es nichts versteht. Aufgrund der Umstände hat es kaum Gelegenheit, den für den Krebs typischen Familiensinn an den Tag zu legen; der äußert sich jedoch zum einen in Ferkels häufiger Erwähnung seines Großvaters, Betreten V, zum anderen in seinem Stolz auf die Tatsache, daß dieser Name »schon lange in der Familie« ist. Um sich bei der gemeinsamen Spurensuche mit Pu die Zeit zu vertreiben, erzählt es ihm, »... was sein Großvater Betreten V gegen Steifheit in den Gliedern nach der Spurensuche unternommen hatte und wie sein Großvater Betreten V in seinen späteren Jahren an Kurzatmigkeit gelitten habe ...«

Noch wichtiger ist, daß es Pu gleichsam wie einen Vater liebt, worin eindeutig eine Übertragung seines Familiensinns zu sehen ist.

Auch Ferkels Schwächen sind typisch für einen Krebs-Geborenen. Es ist furchtsam: Es ängstigt sich rasch vor Wuschel, Känga und Heffalumps. Bei der Heffalump-Episode erweist Ferkel sich zwar als ungemein manipulierbar, doch, zu diesem Zeitpunkt, völlig außerstande, Pu zu verstehen.

Der Vorfall offenbart auch Ferkels außerordentliche Sensibilität. Als ihm klar wird, wie absurd seine Panik wegen des »lumphäßlichen Limpfahumps« ist, »schämte [es] sich so sehr, daß es auf dem kürzesten Wege nach Hause lief und sich mit Kopfschmerzen ins Bett legte«.

Aber ich muß zugeben, daß die Sache ganz so einfach denn doch nicht ist. Der typische Krebs schützt sein sensibles Wesen mit einer harten Schale. Bei Ferkel ist davon nichts zu spüren. Noch auffälliger ist, daß eines von Ferkels schlimmsten Erlebnissen im neunten Kapitel von *Pu der Bär,* »In welchem Ferkel völlig von Wasser umgeben ist«, in krassem Gegensatz zu der dem Krebs nachgesagten Vorliebe für Wasser steht, die sich aus dem starken Einfluß des Mondes auf dieses Zeichen ergibt. Ganz offensichtlich ist Ferkel noch anderen Einflüssen ausgesetzt.

Im Zusammenhang mit dem Mond ist interessant, daß er, obgleich in vielen Sprachen weiblich, in der Astrologie mitunter männlich ist: das erste, aber keineswegs letzte Beispiel für die Auflösung der Geschlechtergrenzen, das wir finden werden.

Aufgrund fehlender Daten sind wir leider nicht in der Lage, eine astrologische Erklärung für die dramatische Entwicklung vorzulegen, die das furchtsame Ferkel der ersten Episoden in das tapfere Ferkel verwandelt, das »Etwas Ganz Großes vollbringt« und beherzt Pus Plan ausführt, Oile und Pu zu retten. Es verdient sich die höchste Auszeichnung eines speziellen Gesumms von Pu zum Ruhme seiner Heldentat. Nachdem es das Ganz Große vollbracht hat, tut es schließlich auch noch »Etwas Ganz Edles«, indem es seine eigene »großartige Wohnung« an die obdachlos gewordene Oile abtritt. Diesmal ist die Belohnung noch größer: Pu bietet ihm an, zu ihm zu ziehen; eine Einladung, die das einst etwas begriffsstutzige Ferkel als *Chela* des Gurus öffentlich anerkennt.

Die Astrologie ist nur ein Aspekt der ursinianischen Mysterien, die wir in diesem Buch erkunden, daher ist an dieser Stelle nicht genug Raum, um noch mehr von Pus Freunden ihren jeweiligen astrologischen Zeichen zuzuordnen. Zudem widerspricht es jeder wahrhaft mystischen Praxis, Pilger, die den Weg beschreiten, als bloße passive Informationsempfänger zu behandeln. Es ist wichtig, daß wir selbst Entdeckungen machen. Diese Freiheit lasse ich meinen Lesern mit dem größten Vergnügen.

Wie steht es mit Pu selbst?

Betrachten wir die Doppelbedeutung des Großen Bären (als Sternbild und als Winnie-der-Pu), so springen uns die unübersehbaren Parallelen geradezu ins Auge. Selbst diejenigen, die der okkulten Lehre von Pu Bär bislang blind gegenübergestanden haben, ja, selbst die, die wirklich davon überzeugt sind, daß er ein Bär von sehr wenig Verstand ist, müssen zugeben, daß er seine Welt beherrscht. Milne läßt daran keinen Zweifel. »Pu« ist der einzige Name, der in beiden Titeln des grandiosen Oeuvres vorkommt. Obwohl ein Großteil der »Vorstellung« äußerst rätselhaft ist, bleibt die Aussage unseres Autors absolut eindeutig: »Pu ist das Lieblingstier, natürlich, das läßt sich nicht bestreiten ...«

In beiden Büchern wird die herausragende Stellung von Pu Bär immer wieder bestätigt. Kaninchen mag ja etwas von einem »Hauptmann oder Kapitän« an sich haben, Eule gebildet und eloquent, Tieger ungestüm, Christopher Robin höflich herablassend sein, aber angefangen mit der »Vorstellung« von *Pu der Bär* bis hin zu den letzten Worten des letzten Satzes von *Pu baut ein Haus* steht Pu im Mittelpunkt des Interesses von Autor und folglich auch Leserschaft. Rufen wir uns gleich zu Anfang ins Gedächtnis, daß die alten Hindus die sieben Sterne des Großen Bären nach den Sieben Rishis oder Sehern benannten, deren Aufgabe es war, die Weisheit der Vergangenheit an uns in die Gegenwart zu übermitteln. Genau das, was unser Großer Bär tut. Die überragende Bedeutung von Pu hat zur Folge, daß wir die bedeutsamen astrologischen Daten so umfassend untersuchen müssen, wie es unser derzeitiger Wissensstand ermöglicht.

Wir wollen dazu die gleiche Methode anwenden, die sich bei einigen seiner Freunde als durchaus aufschlußreich erwiesen hat. Das heißt, wir wollen versuchen, von Pus Verhalten auf sein Sonnenzeichen zu schließen. Und wir werden sehen, daß die so erlangten Ergebnisse äußerst aussagekräftig sind.

In der ersten Geschichte von *Pu der Bär* erfahren wir, daß er »ganz allein unter dem Namen Sanders in einem Wald wohnte«. Aha, denken wir vielleicht, ein Einzelgänger. Auch der erwähnte Name scheint dies zu bestätigen. Nicht nur ein Einzelgänger, sondern noch dazu einer, der so schüchtern ist, daß er seinen richtigen Namen verschweigt. Wir könnten nun den voreiligen Schluß ziehen, daß sein Sternzeichen Jungfrau ist. Doch bei der weiteren Lektüre stellen wir fest, daß er ausgesprochen gesellig ist. Milne schildert uns einen typischen Pu-Tagesplan.

Eines Tages, als Pu gerade dachte, dachte er, er könnte sich mal auf den Weg machen und I-Ah besuchen, weil er ihn seit gestern nicht gesehen hatte. Und ... plötzlich [fiel ihm] ein, daß er Eule seit vorgestern nicht gesehen

48

hatte, und … er [begann sich] zu fragen, wie
Känga und Ruh und Tieger miteinander aus-
kamen … Und er dachte: Ich habe Ruh lange
nicht mehr gesehen, und wenn ich Ruh heute
nicht sehe, habe ich Ruh noch länger nicht
gesehen.

All die vielen Spaziergänge und Gespräche mit seinen Freunden, seine Besuche bei ihnen zu Hause,
ihre Besuche bei ihm zu Hause könnten den Ge-
danken nahelegen, daß er Zwillinge (22. Mai–21.
Juni) oder Schütze ist – vielleicht aufgrund eines
Aszendenten Waage (23. September–23. Oktober),
ohne die für den Schützen typische Taktlosigkeit.
Als Bestätigung dessen ließe sich die Liste von Titeln anführen, mit denen er gegen Ende des
neunten Kapitels von Pu der Bär bedacht wird:
»F. v. F. (Freund von Ferkel), K. G. (Kaninchens
Genosse)«. Aber dann: »I. A. T. und Sch. F. (I-Ahs
Tröster und Schwanz-Finder)«.
Diese Ehrentitel erinnern uns daran, daß ihm die
Entscheidung, I-Ahs Schwanz zu suchen, eine be-
merkenswerte Anerkennung von I-Ah persönlich
einbrachte.

»Danke, Pu«, erwiderte I-Ah, »du bist ein
echter Freund«, sagte er. »Nicht wie manche
anderen«, sagte er.

Und dabei handelt es sich nicht um einen Einzelfall. Die eben zitierte Liste mit Pus Ehrentiteln findet sich in der Episode über die mutige und einfallsreiche Rettung des von der Überschwemmung bedrohten Ferkel. Ein weniger dramatisches, aber um so nachhaltigeres Beispiel für seine Großzügigkeit ist seine Einladung an das obdachlos gewordene Ferkel, bei ihm zu wohnen. Aufgrund der Vielzahl von Beispielen für seine Freundlichkeit – wir haben nur die beeindruckendsten erwähnt – wäre es ein leichtes, ihn als Wassermann (21. Januar–18. Februar) zu bezeichnen.

Doch nehmen wir jetzt einen wichtigen und häufig mißverstandenen Teil seiner Lebensweise unter die Lupe: seine Ernährung. So unglaublich es für den ernsthaften Leser des Pu-Zyklus auch klingen mag, es gibt leider immer noch den einen oder anderen, der in dem abstrusen Wahn lebt, Winnie-der-Pu sei gierig! Diese lächerliche Vorstellung nimmt Bezug auf die in den Geschichten häufig vorkommenden Passagen, in denen er ißt oder an Essen denkt. Selbst bei einer extrem wörtlichen Auslegung der fraglichen Textstellen manifestiert sich in dieser Fehlinterpretation eine grob nachlässige Lektüre. Ist den fraglichen Lesern denn nie aufgefallen, daß Pu fast immer von einer »*Kleinigkeit*« (Hervorhebung von mir) oder der semantisch gleichwertigen »Erfrischung« spricht?

50

Diese Wiederholungen unterstreichen Milnes Vorstellung von Pu als einem sehr mäßigen Esser. Leser, die nicht nur oberflächlich, sondern auch starrsinnig sind, werden ihren Standpunkt womöglich damit verteidigen, daß sie auf die Episode verweisen, in der Pu in Kaninchens Tür steckenbleibt. »›Das kommt alles daher‹, sagte Kaninchen streng, ›daß man zuviel ißt.‹« Und Pu, der »ein eingeklemmter Bär in starker Bedrängnis« geworden ist, muß eine Woche lang fasten.

Die richtige Deutung erschließt sich jedoch ohne weiteres jedem, der die Charakteristika des Sonnenzeichens Waage berücksichtigt. Die Ausgeglichenheit im Wesen der Waage ist keineswegs gleichzusetzen mit dumpfer Unterschiedslosigkeit oder rigider Starrheit. Im Gegenteil, sie wird durch

häufige Anpassung erzielt. Ein gleichbleibendes Festhalten an einem einmal eingeschlagenen Weg würde eine prinzipielle Unausgeglichenheit zur Folge haben. Pu bewahrt das vollkommene Gleichgewicht, indem er seine übliche Mäßigung durch gelegentliches Schlemmen und gelegentliches Fasten kompensiert.

Wer noch eines weiteren Beweises für diese Auslegung bedarf, findet ihn in der ausgesprochen klaren Sprache des Textes, der dem aufrichtigen Forscher stets die wahre Antwort liefert. »Ich nehme nicht zu.« So lauten die Worte aus dem Munde der größten Autorität auf diesem Gebiet: Pu Bär höchstpersönlich. Damit sollte die Frage wohl ein für allemal beantwortet sein. Doch nur für den Fall, daß noch immer Zweifel bestehen, sehen wir uns an, wo unser Autor diese entscheidende Aussage untergebracht hat: in Kapitel vier von *Pu baut ein Haus,* also an einer weit fortgeschrittenen Stelle der ursinianischen Geschichte. Wenn Pu beim Essen regelmäßig über die Stränge geschlagen hätte, wäre es ihm jetzt sicherlich anzusehen. Wir wissen jedoch inzwischen, daß seine wohlgeplante Ernährung, die frei von jeglichen Zusätzen ist, bereichert durch die regelmäßigen »Kraftübungen« und häufigen Spaziergänge, seinen Körper wie auch seinen Geist im vollkommenen Gleichgewicht gehalten hat, wie es für Waage-Geborene typisch ist.

Weitere Recherchen würden ergeben, daß es gleichfalls verlockend wäre, Pu Bär allen übrigen Tierkreiszeichen zuzuordnen. Die aufgeweckteren Leser haben die Dimension dieser Möglichkeit sicherlich bereits erkannt. Sie wissen, daß kein einzelnes Sonnenzeichen der unglaublichen Vielseitigkeit von Pus enormem Verstand gerecht werden kann. Sein Verstand umfaßt sie alle. Sehen wir uns derweil an, welche astrologischen Implikationen einige der anderen Milneschen »Botschaften« haben.

Noch ehe wir die Titelseite von *Pu der Bär* lesen, studieren wir – oder sollten es zumindest – die Landkarte von Pus Welt. Ihre Wichtigkeit wird schon allein durch ihre Plazierung in den beiden Bänden deutlich: am Anfang und noch einmal am Ende. Das Alpha und Omega dieses Buches der Offenbarung. Doch damit nicht genug; Milne teilt uns obendrein unter der Karte mit: »VON MIR SELBST GEZEICHNET. MR. SHEPARD HAT MIR GEHOLFEN«. Dergestalt mit einer doppelten Autorenschaft versehen, enthält die Karte, wie nicht anders zu erwarten, eine Fülle mystischer Bedeutungen. Schauen wir uns zunächst mal die erste direkte Erwähnung von Pu selbst an. Links außen sieht man ihn auf einem gefällten Baumstamm vor seiner Haustür sitzen; darüber steht: »Hier wohnt Pu«.

Wo Pus Freunde wohnen, ist auf der Karte wie folgt verzeichnet: Wohnung von Känga, Kaninchens Loch, Hier wohne ich, »Zu den Kastanien«, Eules Landsitz und Ferkels Wohnung. Auf unserer Pilgerreise entlang des ursinianischen Pfades werden wir all diese Häuser betreten und ihr jeweiliges Geheimnis enthüllen, und zwar nicht nur in Milnes Text, sondern auch in Shepards Zeichnungen. Die wunderschöne Passage, in der Ferkel seine Wohnung noblerweise Eule überläßt und anschließend von Pu eingeladen wird, bei ihm zu wohnen, haben wir bereits angesprochen.

In Pus Welt werden Häuser immer und immer wieder erwähnt. »Haus« ist in der Astrologie ein bedeutungsvoller Terminus. So, wie die Sonne ihren Tierkreis in einem Jahr durchläuft, so durchläuft die Erde denselben Kreis in vierundzwanzig Stunden. Somit wird der Tierkreis zusätzlich in zwölf Felder untergliedert, die von den Astrologen »Häuser« genannt werden. Während die Sonnenzeichen auf unsere allgemeinen Fähigkeiten hinweisen, so deuten die Häuser an, wie wir, jeder in seinem Leben, unsere Fähigkeiten nutzen.

Unser jeweiliges Haus berechnet sich aus der Position des Aszendenten – das Tierkreiszeichen, das im Augenblick der Geburt über den Osthorizont tritt – sowie anhand der Himmelsmitte, dem höchsten Punkt, den die Sonne am Tag erreicht. Wie bei

Pus Sonnenzeichen, so ist es aufgrund der unendlichen Vielfalt seines Wesens unmöglich, ihm nur einen Aszendenten zuzuweisen. Wie läßt sich dieser Umstand erklären?

Wieder einmal finden wir die Antwort darauf im Text. Gleich auf der ersten Seite lesen wir den rätselhaften Verweis auf Pu im Haus der Eisbären. Abgesehen von der eindeutigen Anspielung auf das bekannte Sternbild am Polarhimmel müssen wir die abscheuliche Absurdität, daß Pu in einem Käfig eingesperrt ist, als Hinweis darauf deuten, daß es genauso absurd wäre, ihn in irgendeiner Weise einzuschränken, und sei es auch durch die Grenzen des bekanntesten Sternbildes überhaupt.

Eingedenk dessen erinnern wir uns, daß die berühmte Konstellation am nördlichen Himmel nicht nur einen Namen hat, ebenso wie Winnie-der-Pu, der unter so vielen Namen bekannt ist: neben den Kurzformen wie Winnie, Pu, Bär, Variationen wie Pu Bär, Alternativen wie Eduard Bär, und zudem lebt er »unter dem Namen Sanders«.

Richtige Namen, so lehren es die alten Überlieferungen seit Urzeiten, setzen ein tiefes Wissen über das voraus, was benannt wird. Die verschiedenen Namen des Großen Bären, als Figur des Milneschen Oeuvres ebenso wie auch als Sternbild, künden von der uns Menschen eigenen Unfähigkeit, für diese beiden gewaltigen Mächte einen angemessenen Namen zu finden, der ihr jeweiliges Wesen zusammenfaßt.

In der Astrologie wie in allen anderen Wissenschaften sowohl esoterischer als auch exoterischer Natur transzendiert der Große Bär jede Analyse. Ich möchte meinen Lesern den sanskritischen Ursprung des Wortes *arktos* in Erinnerung rufen, des griechischen Namens für das Sternbild. Die sanskritische Bezeichnung lautet *rakh*, was »hell sein« bedeutet. Reine Helligkeit ermöglicht es uns, andere Dinge zu erforschen, doch sie selbst entzieht sich jeder Erforschung, weil sie uns blendet. Was es damit auf sich hat, werden wir besser verstehen, wenn wir uns mit der Kabbala beschäftigen. Darüber hinaus werden wir später auch die polaren Mysterien eingehender behandeln. Doch schon jetzt wird erkennbar, was das alles mit Winnie-dem-Pu zu tun hat.

Eine Warnung von Pu Bär

Wie alle okkulten Themen ist die Astrologie nicht nur nützlich, sondern sie birgt auch Gefahren. So wundert es nicht, daß der kluge und gütige Bär mehr als einmal diejenigen warnt, die seine Worte mit der gebührenden Sorgfalt bedenken. Die Bedeutung der Bienenepisode habe ich bereits erwähnt. Man erinnere sich auch an Pus Heffalump-

Falle. Das Heffalump, so sagt Pu voraus, würde in die sehr tiefe Grube fallen, weil es vielleicht den Himmel betrachtet und sich fragt, ob es wohl regnen würde oder, falls es bereits regnet, ob es wohl bald wieder aufklaren würde: in beiden Fällen ein Versuch, die Zukunft vom Himmel abzulesen. Gern weise ich darauf hin, daß dies mit der Ansicht vieler der besten Astrologen unserer Zeit übereinstimmt, die mit Nachdruck auf die Gefahren des Prophezeiens hinweisen und uns dazu anhalten, die Sterne zur Selbsterkenntnis und nicht für Vorhersagen zu nutzen.

Als die Astrologie noch höchstes Ansehen genoß, bestand einer ihrer Hauptanwendungsbereiche darin, den günstigsten Augenblick für das Schmieden und Ausführen wichtiger Pläne zu finden. Ärzte beispielsweise befragten die Sterne, wenn sie Diagnosen stellen mußten; manchmal sagten sie ihren Patienten, ihre Krankheit sei durch den Einfluß eines bösen Sterns ausgelöst worden; daher auch der Begriff »Influenza«, Einfluß der Sterne. Desgleichen mußte auch erst der richtige astrologische Augenblick eintreten, damit eine Behandlung erfolgreich sein konnte. Damit wird ohne jeden Zweifel klar, warum Pu, als er über die therapeutische Wiederanbringung von I-Ahs Schwanz nachsinnt, die zeitliche Dimension so deutlich hervorhebt:

»Wer *fand den Schwanz?*«
›Ich‹, sprach Pu,
›Um Viertel vor Ganz
(das heißt, es war um Viertel vor elf),
Ich fand den Schwanz!‹«

Genauso bedeutsam war der Einfluß der Sterne in der Alchimie, der wir uns nun zuwenden.

3

PU UND DIE ALCHIMISTEN

Zu Beginn der ersten Geschichte in *Pu der Bär* bittet Christopher Robin A. A. Milne, ihm zu erklären, was damit gemeint ist, daß Winnie-der-Pu »unter dem Namen Sanders« wohnte. »*Es heißt, daß er den Namen über der Tür in goldenen Buchstaben hatte und daß er darunter wohnte.*« Sicherlich hat es viele Leser überrascht, daß über Pu Bärs Tür goldene Buchstaben befestigt sind, zeugt es doch von einem protzigen Reichtum, der so gar nicht zu dem schlichten Lebensstil paßt, den man von ihm gewohnt ist. Sollen wir annehmen, daß er sich dieses eine Mal einer solchen Geschmacksverirrung schuldig gemacht hätte?

Diese absurde Hypothese können wir sofort verwerfen. Wie bereits festgestellt, begeht Pu niemals einen Fehler, und auch wenn es einmal den Anschein haben sollte, so liegt der Fehler in jedem Fall bei uns. Die aufmerksameren Leser unter uns haben bestimmt schon verstanden, daß die Erwäh-

nung von Gold einen Verweis auf die Alchimie darstellt; denn die Alchimisten waren vor allem dafür
bekannt, daß sie unedle Metalle, wie beispielsweise
Blei, in Gold verwandelten. Da es in diesem Kapitel um Alchimie geht, kann es sein, daß den Lesern
gelegentlich das eine oder andere obskur erscheint.
Das steht ganz und gar im Einklang mit der alchimistischen Tradition. Kleopatra beispielsweise, die
Alchimistin aus dem zweiten Jahrhundert – in den
Anfängen der Alchimie gab es viele bedeutende
Alchimistinnen – begann ihre Darlegung mit den
Worten: »Ich werde mich klar ausdrücken … und
zunächst in Rätseln sprechen.«

Die Rätsel waren ebenso häufig in Bilder wie in
Sprache gefaßt. Daher leisten Shepards Illustrationen einen wichtigen Beitrag zu unserem Kapitel
über Alchimie. Wir haben uns bereits das Bild angesehen, auf dem Winnie-der-Pu in der Mitte eines
Baches auf einem Stein sitzt und sich die Sonne auf
den Pelz brennen läßt. Dann haben wir die astrologische Bedeutung des Bildes untersucht und festgestellt, daß die Astrologie mit der Alchimie in enger
Verbindung steht. Jetzt werden wir der streng alchimistischen Bedeutung dieses Bildes auf den
Grund gehen.

Zunächst lesen wir »Die Sonne war so angenehm
warm«. Der Sonne, oder Sol, kommt im alchimistischen Gedankengut eine zentrale Bedeutung zu,

denn sie wurde unmittelbar mit Gold in Verbindung gebracht. Noch heute entspricht das Zeichen für Gold dem Zeichen für die Sonne. Überdies waren Metaphern und Allegorien fester Bestandteil der Sprache der Alchimisten. Daher können wir sicher sein, daß Pus glückliche Beziehung zur Sonne eine Allegorie dafür ist, daß sein alchimistisches Werk von Erfolg gekrönt ist, daß ihm die Umwandlung in Gold gelungen ist.

Und das ist erst der Anfang. Der Stein, auf dem Pu sitzt, befindet sich in der Mitte eines Baches. Wasser war nicht weniger wichtig als die Sonne. In der alchimistischen Sprache wurde es oft mit Luna, dem Mond, gleichgesetzt. Ebenso, wie auf der stofflichen Ebene sowohl die Sonne als auch das Wasser für das Leben auf der Erde unentbehrlich sind, so war in alchimistischer Hinsicht auch ihre Vereinigung unentbehrlich. Illustrationen in alchimistischen Werken aus dem sechzehnten und siebzehnten Jahrhundert stellen häufig die Vereinigung von Sol und Luna oder die Vereinigung von verschiedenen Chemikalien am Beispiel einer Hochzeit oder sogar einer Kopulation dar. Und Frucht dieser alchimistischen Hochzeit war der Stein der Weisen, das wesentliche Element bei allen Transmutationen.

Unsere Untersuchung der betreffenden Illustration in *Pu baut ein Haus* wird noch mehr ergeben. Wie wir bereits im letzten Kapitel festgestellt haben, handelt es sich bei dem Insekt im oberen Teil der Zeichnung eindeutig um eine Libelle, eine *dragonfly,* wie es in der englischen Sprache des Originals heißt. Drachen *(dragon)* oder Schlangen spielten in der Alchimie eine wichtige Rolle. Sie versinnbildlichten das Ausgangsmaterial der Alchimisten, das sie zunächst zerstören mußten, um es in etwas Wertvolleres umzuwandeln. Diese Zerstörung bezeichneten sie häufig als »den Drachen erschlagen«. Bei der Betrachtung der ersten Stufe des Großen Werkes müssen wir zwangsläufig an die letzte denken: die Hervorbringung des Steins der Weisen. Und natürlich haben wir ihn direkt vor Augen: der warme Stein, auf dem Pu sitzt. Schon daß er darauf sitzt, ist ebenfalls bedeutsam. Es läßt darauf schließen, daß er ihn fest unter Kontrolle hat. Kein Wunder, daß er »beinahe beschlossen hatte, den ganzen Vormittag als Pu in der Mitte des Baches zu verbringen ...«

Somit haben wir es hier ohne jeden Zweifel mit einer großartigen allegorischen Darstellung zu tun, die die Hauptelemente des »Werkes« zeigt: Sol und Luna (in Gestalt von Wasser), der Drache als die erste Stufe des Prozesses, der Stein als der erfolgreiche Abschluß und Pu Bär als der ruhige Beherrscher, eins mit der Welt und seinem Geist, nachdem er in beiden Spielarten der Alchimie triumphiert hat, wie wir im folgenden sehen werden.

Die zwei Formen der Alchimie

Die Alchimie wurde in zwei Spielarten praktiziert: der stofflichen und der spirituellen. Ziel der stofflichen Alchimisten war es, entweder unedle Metalle wie beispielsweise Eisen oder Blei in Gold zu verwandeln oder das Lebenselixier zu finden, mit dem sich alle Krankheiten heilen und das Leben verlängern ließe, das vielleicht sogar Unsterblichkeit verlieh. Ebenso, wie die stofflichen Alchimisten versuchten, die niedrigere Metallart in eine höhere zu verwandeln, so war es das Ziel der spirituellen Alchimisten, sich selbst auf die höchstmögliche spirituelle Ebene zu erheben. In der Praxis arbeiteten viele Alchimisten sowohl spirituell als auch stofflich.

Wir haben eben gesehen, daß Pus doppelter Triumph in der Zeichnung von Shepard allegorisch dargestellt wird. Wie wir es im Pu-Opus gewohnt sind, werden wir reichlich Bestätigung dafür finden, daß wir dem richtigen – das heißt dem ursinianischen – Gedankengang folgen. Bereits im ersten Kapitel von Pu der Bär stoßen wir auf die Episode mit Pu, dem Baum, den Bienen und dem Ballon – ein weiteres Beispiel für die mannigfachen Bedeutungen, die sich in jeder Episode unserer beiden Texte finden lassen.

Die alchimistische Bedeutung der Bienen

Die Leser werden sich erinnern, daß Pu, als er eines Tages einen Spaziergang im Wald macht, ein Summgeräusch hört. Er denkt: (1) »Wenn es ein Summgeräusch gibt, dann macht jemand ein Summgeräusch«; (2) »... der einzige Grund dafür, ein Summgeräusch zu machen, den *ich* kenne, ist, daß man eine Biene ist«; (3) »Und der einzige Grund dafür, eine Biene zu sein, den ich kenne, ist, Honig zu machen«; (4) »Und der einzige Grund, Honig zu machen, ist, damit ich ihn essen kann.«

Nachdem er durch diesen streng logischen Denkprozeß zu dem Schluß gelangt ist, daß das Summen von Bienen das Vorhandensein von Honig bedeutet, den er essen kann, klettert Pu auf den Baum, um den Honig zu suchen. Ein Ast gibt unter seinem Gewicht nach, und es geht abwärts mit Pu.

Unverzagt leiht er sich von Christopher Robin einen blauen Ballon, wälzt sich in schwarzem Schlamm, und dann schwebt Pu Bär »anmutig hinauf in den Himmel«. Die Bienen schöpfen Verdacht, und eine von ihnen sticht Pu. Er kommt zu dem Schluß: *»Dies ist die falsche Sorte Bienen.«* Und er folgert: »... daß sie die falsche Sorte Honig machen ...« Dann kehrt er zur Erde zurück.

Schon diese grobe Skizzierung vermittelt eine recht gute Vorstellung von der alchimistischen Bedeutung der Szene. Pus Honigsuche symbolisiert natürlich die Suche der Alchimisten nach Gold – dem honigfarbenen Metall – und nach dem Honig der Wahrheit und der spirituellen Vervollkommnung. Noch deutlicher als der Baum symbolisiert der Ballon den Aufstieg zu den höheren Regionen des Wissens und der Tugend, frei von allen irdischen Fesseln.

Nehmen wir aber diese tiefgründige und vielschichtige Passage noch etwas genauer unter die

Lupe. Die Mühe wird sich reichlich lohnen. Während Pu auf den Baum klettert, singt »er sich ein kleines Lied vor«:

> Ich frage mich seit Jahr und Tag,
> Warum ein Bär den Honig mag.
> Summ! Summ! Summ!
> Ich frage mich: warum?

Wir überlassen es unseren Lesern zu erkunden, welche zusätzliche Bedeutung dieses »Gesumm« abgesehen von der unverkennbaren Verbindung des mystischen Bären mit Wahrheit und Weisheit noch hat, und sehen uns das unmittelbar folgende »Beklage-Lied« an. Da es für Pu äußerst ungewöhnlich ist, sich zu beklagen, muß das Lied auf etwas ganz Besonderes hinweisen:

> Schon seltsam, daß, wenn Bären Bienen
> wären,
> Dann wäre ihnen auch ein Nest ganz
> unten eigen,
> Und wenn es dann so wäre (die Bienen
> wären Bären),
> Dann brauchten wir auch nicht so hoch
> zu steigen.

Nun, da wir wissen, daß Honig an dieser Stelle die alchimistische Weisheit versinnbildlicht, erkennen wir, was Pu uns sagen will, daß sich nämlich die Weisheit nicht allein auf der Erde erreichen läßt, sondern daß man dazu zielstrebig zu höheren Ebenen aufsteigen muß.

Pus Sturz vom Baum ist ein klarer Beleg für die Richtigkeit dieser Deutung. Wie hoch der Baum auch sein mag, er ist fest in der Erde verwurzelt. Der brechende Ast veranschaulicht, daß wir uns auf keine Leiter dieser Art verlassen können, um zu den Höhen alchimistischer Weisheit aufzusteigen. Ich hoffe, ich muß meine Leser nicht daran erinnern, daß Pu sich darüber völlig im klaren ist. Er will uns einfach nur Anschauungsunterricht erteilen. Den letzten Zweiflern unter Ihnen rate ich, sich zu vergegenwärtigen, mit welcher Gelassenheit er seine Situation, während er runterfällt, analysiert. Man beachte, daß er »sich dreimal um sich selbst drehte« – eine mystische Zahl –, bevor er »anmutig in einen Stechginsterbusch flog«.

Vor dem Hintergrund dessen, was wir bereits wissen, ist der Grund für seinen Methodenwechsel, vom Baum zum Ballon, durchaus ersichtlich. Der Wechsel vom erdverbundenen Baum zum freischwebenden Ballon bedarf keiner Erklärung. Auch müßte ich wohl kaum nochmals erwähnen, daß der Ballon Symbolcharakter hat, wenn da nicht

Christopher Robin wäre, der ihn realistisch auf-
faßt. Aber Christopher Robin, obwohl durchaus
ein netter Junge, ist unverkennbar erdverbunden.
Wiederholt erweist er sich als taub gegenüber den
tieferen Bedeutungen Pus. Wie so anschaulich in
der apokryphen Schrift an Barnabas formuliert
wird, hört er zwar die Worte des Meisters, aber er
hört sie mit den Ohren eines Ungläubigen.

Als er den Ballon hat, geht Winnie-der-Pu »zu einer sehr schlammigen Stelle, die er kannte, und dort
wälzte und wälzte er sich, bis er am ganzen Körper schwarz war«. Ich darf wohl davon ausgehen,
daß viele meiner Leser – verständlicherweise – in
der Alchimie weniger bewandert sind als im Pu-
Zyklus. Möglicherweise entgeht ihnen daher, daß
Pu uns durch das Wälzen im Schlamm an die
Grundlagen der alchimistischen Lehre erinnern will.
Wir wissen mittlerweile alle, daß die stoffliche Alchimie danach strebte, unedle Metalle in Gold umzuwandeln. Die Alchimisten hielten das für möglich, weil sie der Überzeugung waren, daß alle
tatsächlich existierenden Materialien schlechtweg
unterschiedliche Formen eines grundlegenden, ursprünglichen Stoffes, der *Materia prima,* seien.
Diese Anschauung steht übrigens der modernen
Physik näher als der des neunzehnten Jahrhunderts. Kann man sich im Hinblick auf ein Buch
von der Art, wie Milne es schrieb, eine bessere

Symbolik für die *Materia prima* vorstellen als schwarzen Schlamm? Unser Glaube an die Richtigkeit dieser Deutung wird bestätigt, wenn wir uns erinnern, daß Dr. Robert Fludd, der große alchimistische Gelehrte aus dem siebzehnten Jahrhundert, die *Materia prima* als schwarz und formlos beschrieb. Ebenfalls bezeichnend ist, daß Pu die betreffende schlammige Stelle kennt. Nirgendwo sonst in den Büchern zeigt er Interesse an Schlamm, daher handelt es sich bei dieser Passage offenbar um die verschlüsselte Botschaft, daß Pu mit der alchimistischen Theorie von der *Materia prima* vertraut ist.

Wenden wir uns nun einer jener Textstellen zu, die häufig auf haarsträubende Weise mißverstanden werden. Ich meine Pu Bärs Konfrontation mit den Bienen, insbesondere mit der Biene, die ihn sticht.

Hitze und Alchimie

Ich gehe davon aus, daß wohl die meisten von uns schon einmal von einer Biene gestochen worden sind. Was haben wir dabei als erstes gespürt? Ein Brennen. Genauer gesagt: ein Gefühl von Hitze. Im Zusammenhang unserer derzeitigen Studien erinnern wir uns unweigerlich daran, daß Hitze in der Alchimie eine herausragende Bedeutung zukam. Die Transmutation gewisser unedler Metalle in

Gold wurde durch stufenweise erhöhte Hitzegrade erreicht.

Hitze war sowohl für die Theorie als auch für die Praxis der Alchimie entscheidend. Die Theorie der Alchimisten lautete, daß sie lediglich als Helfer das Werk der Natur beschleunigten. Die Natur, so ihre Auffassung, zielte stets auf Vollkommenheit ab. Blei war sozusagen auf dem Weg, zu Gold zu werden. Natürliches Gold war das Endergebnis. Hitze, die äußere Hitze der Sonne, die die innere Hitze der Erde erzeugte, war bei diesem Prozeß die entscheidende Kraft. Und Aufgabe der Alchimisten war es, die geeigneten Hitzearten zu entdecken, um diesen Prozeß zu beschleunigen.

Soviel zur Theorie. In der Praxis war die Beherrschung des Feuers, also auf jeder Stufe die richtige Hitze zu erzeugen und aufrechtzuerhalten, ebenso schwierig wie wichtig. Thomas Norton, ein Alchimist aus dem fünfzehnten Jahrhundert, erweist sich als typischer Vertreter seiner Zunft, wenn er schreibt:

> Ein wahrer Meister nur der Herr sich nennt,
> Der jed erdenklich Form von Hitze kennt,
> Sein Streben ihn nur dann zum Ziele führet,
> Wenn er mit Weisheit seine Feuer schüret.

Mit diesem Wissen ausgestattet, haben wir keine Mühe, die Bemerkung zu deuten, die Pu macht, nachdem er gestochen wurde: »Ich bin zu einem sehr wichtigen Entschluß gekommen. *Dies ist die falsche Sorte Bienen.*« Aufgrund dessen folgert er, daß sie »die falsche Sorte Honig machen«. Er meint natürlich, daß die Hitze falsch war – wie er es gerade am eigenen Leib erfahren hat. Daher muß die versuchte Verwandlung in echtes Gold, in die richtige Sorte Honig, zwangsläufig scheitern.

Inzwischen können wir auch die Episode verstehen, in der Christopher Robin am Ende des ersten Kapitels von *Pu der Bär* ein Bad nimmt, obwohl gerade diese die ursinianische Forschung lange Zeit vor ein Rätsel gestellt hat. Christopher Robin ist offensichtlich ein wohlerzogener Junge, für den es selbstverständlich ist, ein Bad zu nehmen, bevor er zu Bett geht. Doch dieser Sachverhalt scheint für die Hauptrichtung unserer Untersuchung kaum von Belang.

Jetzt allerdings, da wir für das Thema Alchimie sensibilisiert worden sind, erinnern wir uns, daß der Tiegel, also eine Art Wanne, eines der Hauptgefäße war, das bei dem Großen Werk Anwendung fand. Außerdem spielte es bei der Erreichung und Aufrechterhaltung der richtigen Temperatur eine wesentliche Rolle: eine Aufgabe, die ständige Wachsamkeit verlangte. Christopher Robin wußte das alles ohne jeden Zweifel. Das erklärt seine ansonsten sonderbare Frage: »Kommst du noch und siehst dir an, wie ich bade?«

Wie ist in Anbetracht der Tatsache, daß unablässige Wachsamkeit äußerst wichtig ist, die unglaublich beiläufige Antwort: »›Vielleicht‹, sagte ich.« zu erklären? Da Gleichgültigkeit selbstverständlich auszuschließen ist, drängt sich eine naheliegende Erklärung auf. »Ich« – vermutlich A. A. Milne selbst – weiß inzwischen, daß Christopher Robin, so liebenswert er auch ist, für die intellektuelle oder spirituelle Transmutation noch nicht bereit ist. Natürlich soll er sich in seiner Wanne wohl und sicher fühlen, aber die sorgfältige Einhaltung der Temperatur wäre reine Zeitverschwendung.

Untermauert wird diese Auslegung, wenn wir, was wir stets tun sollten, die dazugehörige Illustration von E. H. Shepard betrachten. Sie zeigt Pu Bär an einem Ende der Wanne sitzend, bei den Wasserhähnen. Kontrolliert er vielleicht die Hitze? Wenn man genau hinschaut, muß man diese Deutung verwerfen. Er berührt weder das Wasser mit irgendeinem Teil des Körpers, noch hält er irgendein Meßgerät in der Hand, noch blickt er auf ein solches. Außerdem zeugen Augen und Gesichtsausdruck von entspanntem Wohlbehagen oder möglicherweise von der verzückten Kontemplation einer mystischen Vision – wie auch immer, er schenkt weder Christopher Robin noch der Wassertemperatur Beachtung. Pu weiß auch, daß Christopher Robin, obwohl er den Anforderungen des Alltags seiner Gesellschaftsschicht und seiner Zeit wunderbar gewachsen ist, nicht das Zeug zum Magus hat.

Wie dem auch sei, die Unfähigkeit, die richtige Hitze zu erzeugen oder zu halten, war einer der drei häufigsten Gründe für das Scheitern des Alchimisten – die anderen beiden waren unreine Zutaten und zerbrechliche Gefäße. Nachdem er uns vor den Schwierigkeiten und Gefahren der Alchimie gewarnt hat, zeigt Pu uns anschließend, welche positiven Seiten sie hatte.

Stoffliche Transmutation

Alle Ursinologen, die das Gedicht »Alchemie der Liebe« von John Donne kennen, werden sich an folgende Zeilen erinnern:

> Fand der Adept das Elixier auch nicht,
> Von seinem trächtigen Tiegel spricht
> Er rühmend, wenn der nebenbei
> Ein Duftzeug abwarf oder auch Arznei.

Sicherlich ist ihnen sofort die Anspielung auf den Honigtopf aufgefallen, der in Pus Welt eine so große Rolle spielt.

Auf den ersten Blick scheinen Donnes Verse die Ansprüche des Alchimisten zu untergraben. Donne bestreitet, daß irgendein »Adept« (Alchimist) das Elixier jemals erfolgreich hergestellt hat, und sagt, die Alchimisten hätten sich damit gerühmt, wenn sie bei ihren Experimenten zufällig irgendeinen wohlriechenden Stoff oder irgendeine Arznei entdeckt hätten.

Donne verstand natürlich genug von Alchimie, um zu wissen, daß sie auf mehr als einer Ebene wirkte, von der jede ihren eigenen Wert besaß. Auf der allerkonkretesten Ebene mag Donne an den im Jahre 1510 von dem Benediktinermönch und Alchimisten Dom Bernardo Vincelli entdeckten »Benedik-

74

tiner« gedacht haben, den ältesten bekanntesten Likör. Durchaus vorstellbar, daß Vincelli seinen trächtigen Tiegel gerühmt hat, der uns dieses köstliche goldene Getränk bescherte.

Ebenso, wie Vincelli gewiß seinen Benediktiner genossen hat, so genießt auch Pu Bär Honig auf einer rein materiellen Ebene. Er ist kein sauertöpfischer Asket, sondern ein wahrer Verfechter der goldenen Mitte. (Man beachte die Implikationen dieses traditionellen Ausdrucks.) Doch damit nicht genug. Ich hoffe, niemand wird bezweifeln, daß Honig auch für Gold steht, und somit steht Pus Honigtopf manchmal für den Tiegel eines erfolgreichen Alchimisten, manchmal für den Behälter, in dem das umgewandelte Material später aufbewahrt wurde.

Selbst eine erfolgreiche Transmutation birgt jedoch Gefahren. Wenn Pu vorschlägt, in der Heffalump-Falle Honig als Köder zu verwenden, so warnt er uns davor, daß wir durch die Gier nach Gold in eine Fallgrube geraten können. Später lesen wir, daß Pu selbst in der Heffalump-Falle gefangen ist und nicht sehen kann, wie er wieder rauskommt, da er mit dem Kopf im Honigtopf steckt: eine eindringliche Parabel für die Blindheit, mit der wir geschlagen werden, wenn wir uns zu sehr auf materiellen Besitz konzentrieren.

Viel zu viele Leser haben darin einen Beleg für Pus Gier und seine komische Absurdität gesehen. Mit unserem Hintergrundwissen erkennen wir natürlich, daß Pu die Gefahren der erfolgreichen Transmutation veranschaulichen will. Können wir auch nur eine Sekunde daran zweifeln, daß er dabei die Alchimisten im Sinn hat, die für ihre Geheimnisse ermordet oder von Herrschern ins Gefängnis gesteckt wurden, wo sie für sie Gold herstellen sollten? Eines der wohl merkwürdigsten Beispiele dafür ist Johann Friedrich Böttger (1682–1719), der mehrere Jahre Gefangener des Kurfürsten von Sachsen war. Böttger gelang es zwar nicht, das von seinem Herrn verlangte Gold herzustellen, doch er entdeckte immerhin eine Methode, um Porzellan zu machen. Als Erfinder des Dresdner Porzellans gewann er am Ende seines kurzen Lebens die Gunst des Kurfürsten zurück. Doch längst nicht alle seine Kollegen hatten soviel Glück.

Pus strenger wissenschaftlicher Ansatz manifestiert sich darin, wie er den Honigtopf in Augenschein nimmt, bevor er ihn zur Heffalump-Falle bringt. Der Topf steht in seinem Küchenschrank und ist mit HONICH beschriftet. Als Alchimist, der in einer Welt voller Allegorien und Metaphern lebt, geht er selbstredend nicht davon aus, daß die Beschriftung wortwörtlich zu verstehen ist. Mit einem kurzen Blick vergewissert er sich, daß der Inhalt wie Honig aussieht. Doch der Anschein kann genauso trügen wie Worte. »Aber man kann ja nie wissen«, sagte Pu. »Ich weiß noch, wie mein Onkel einmal sagte, er habe Käse gesehen, der genau die gleiche Farbe hatte.«

Pu weiß genau, daß Transmutationsversuche häufig Materie hervorbrachten, die aussah wie Gold, aber dann der Analyse nicht standhielt. Manchmal waren dabei Schwindler am Werk, manchmal war ein tatsächlicher Fehler im Verwandlungsprozeß dafür verantwortlich. Wir dürfen nicht vergessen, daß ein Großteil dessen, was man für herkömmliches Gold hielt, unrein war. Einige Alchimisten behaupteten auch, daß *ihr* Gold dem natürlichen Produkt überlegen sei. Pu, wie nicht anders zu erwarten, ist kein Freund von Unaufrichtigkeit und fragwürdigen Argumenten. Er prüft den Inhalt, ob es sich dabei auch wirklich unzweifelhaft um Gold handelt, und er prüft ihn so lange, bis er sagen kann: »Ich *hatte* recht. Es *ist* Honig [i. e. Gold], bis ganz unten.«

Die verschiedenen Ebenen der Alchimie

In Fachkreisen herrscht Einigkeit darüber, daß ein erfolgreicher Alchimist sowohl die höchsten moralischen und spirituellen Qualitäten besitzen als auch über großes Wissen und praktische Fertigkeiten verfügen mußte. All das war die Voraussetzung dafür, nicht nur in der stofflichen Alchimie Erfolg zu haben, sondern vor allem natürlich in der spirituellen. Schon allein das, was wir ganz allgemein von Winnie-dem-Pu wissen, sollte uns überzeugen, daß er in jeder genannten Hinsicht in höchstem Maße qualifiziert ist. Wie wir gesehen haben, zeigt Shepards allegorisches Meisterwerk jedenfalls, daß Pu das Große Werk (oder das *Magnum Opus* der Alchimie, wie es häufig genannt wurde) gelungen ist, was bei vorhandener moralischer oder spiritueller Unzulänglichkeit nicht möglich gewesen wäre.

Das Thema Honig wird wieder aufgenommen, als Pu I-Ah, der noch trübsinniger ist als sonst, weil niemand an seinen Geburtstag gedacht hat, einen Topf schenken will. Wir merken beiläufig an, daß Pus wohltätiger Plan, I-Ah eine Freude zu machen, charakteristisch ist für den hohen moralischen Standard, der traditionellerweise von Alchimisten verlangt wird. Die Pu-Leser erinnern sich bestimmt, daß er den Honig unterwegs verspeist und I-Ah schließlich einen leeren Topf schenkt, den er passenderweise als »einen nützlichen Topf ... in den man Sachen tun kann« bezeichnet.

Alle, die das Buch bis dahin gelesen haben, werden den lächerlichen Gedanken entschieden verwerfen, es sei ein Beweis für Pus Gier, daß er den Honig ißt, und für seine Scheinheiligkeit, daß er den leeren Topf als annehmbares Geschenk hinstellt. Es kann jedoch sein, daß sie seine Handlungen für gerechtfertig halten, ohne genau zu wissen, wieso. Ich freue mich, sie aufklären zu können.

Erstens einmal wäre Honig auf der materiellen Ebene nicht gerade ein passendes Geschenk für I-Ah, der Disteln bevorzugt. Desgleichen könnte er in der kommerzfreien Welt von Pu mit materiellem Gold nichts anfangen. Das spirituelle Gold der höheren Alchimie wäre für I-Ah völlig unangemessen gewesen. Pus profunde Kenntnis seines Freundes ermöglicht es ihm daher, seinen ersten Impuls zu bremsen und I-Ah ein Geschenk zu machen, das auf dessen persönliche Fähigkeiten, Glück zu empfinden und Verständnis zu entwickeln, wunderbar zugeschnitten ist.

Wir erfahren nicht, ob I-Ah sich jemals als Alchimist versucht hat, aber falls doch, können wir sicher sein, daß sich seine Grenzen natürlich in seinem alchimistischen Potential gezeigt hätten. Wir wissen, daß Disteln seine Lieblingsspeise sind. In alchimistischer Hinsicht ist das ein eindeutiges Symbol für die Verwendung von Gemüse beim Großen Werk. Der berühmte chinesische Alchimist Ko Hung hat gesagt, daß Gemüse sich nur für kleinere Projekte eignen würde, wie beispielsweise für die Erzeugung behaarter Füße, langer Ohren und sexueller Potenz. In unserem Text und seinen Illustrationen kommen die langen Ohren und die behaarten Füße klar zum Ausdruck. Da

Milne in den zwanziger Jahren geschrieben hat, konnte er sexuelle Potenz in einem vorgeblich an Kinder gerichteten Werk wohl kaum zur Sprache bringen, doch in einer freier denkenden Generation lobte Reverend Sydney Smith (1771–1845) einen Artikel im Edinburgh Review als »lang, aber kräftig wie der Penis eines Esels«. Das paßt vollkommen.

Ich muß mich nun mit einem weiteren Einwand beschäftigen, der des öfteren gegen Pus Verhalten in dieser Episode erhoben wird. Einige sauertöpfische Kritiker, die das Alter des unschuldigen Vergnügens bereits überschritten, jedoch das reifer Weisheit noch nicht erreicht haben, brutale Realisten von zwölf Jahren oder desillusionierte Zyniker von dreizehn, fragen, was es für einen Sinn hat, I-Ah einen Topf zu schenken, damit er Sachen hineintun kann? Was für Sachen? fragen sie. Was für Sachen könnte I-Ah besitzen, die er gern in einem Topf aufbewahren würde?

Alle wirklich großen Lehrer zeichnen sich dadurch aus, daß sie ihre Schüler anregen, statt ihnen etwas vorzukauen. Pu weiß, daß I-Ah durch den Topf, sobald er ihm gehört, angeregt werden würde, sich Gedanken darüber zu machen, was für eine Sache er hineintun könnte. Wie wir wissen, findet sich diese Sache auch sogleich, nämlich in Form von Ferkels geplatztem Ballon. Wer könnte bezweifeln, daß Pu vorhersieht, wie I-Ah früher oder später seine unmittelbare Freude, den Ballon in den Topf zu legen und wieder herauszunehmen, noch steigern wird? Daß der geplatzte Ballon ihn dann an einen aufgeblasenen Ballon denken lassen wird? Und daß dieses Symbol für das Sich-Erheben von der Erde in I-Ah schließlich den Wunsch wecken wird, auf eine höhere mentale Ebene zu steigen als die, die durch die distelige Stelle im Wald symbolisiert wird, wo er wohnt?

Pu und Ferkel: der Alchimist als Retter

Die nächste ursinianische Episode, in der es um den mystischen Topf geht, ereignet sich im neunten Kapitel von *Pu der Bär,* das die Große Überschwemmung beschreibt – mit der wir uns in Kapitel acht ausführlicher befassen werden. Pu träumt, daß er am Ostpol ist, und ihm wird immer kälter. Er wacht auf und stellt fest, daß seine Füße im Wasser stecken und daß überall um ihn herum Wasser ist.

Also nahm er seinen größten Topf Honig und entkam mit ihm auf einen dicken Ast seines Baumes, schön weit über dem Wasser, und dann kletterte er wieder hinunter und entkam mit einem zweiten Topf, und als er voll-

81

ständig entkommen war, saß Pu auf seinem Ast, baumelte mit den Beinen, und dort, neben ihm, standen zehn Töpfe Honig.

Die Töpfe werden nach und nach weniger, bis: »Vier Tage später saß Pu auf seinem Ast ...«
Und an diesem Tag erhält er die berühmte Botschaft von Ferkel. Ferkel, das von der Außenwelt abgeschnitten ist, hat einen Hilferuf geschrieben, ihn in eine Flasche gesteckt und ins Wasser geworfen, das die Flaschenpost zu Pu getragen hat.
Wer das Kapitel gelesen hat, wird in guter Erinnerung haben, mit welch großartiger Mischung aus Großherzigkeit, Mut und praktischer Genialität Pu Ferkels Rettung organisiert und durchführt. Er läßt sich auf einem leeren Honigtopf zu Christopher Robin treiben und verwandelt Christopher Robins Schirm in ein Boot, das sie beide zu Ferkel bringt.
Sogar Christopher Robin muß verblüfft feststellen, mit welcher Blindheit er doch der Weisheit seines Freundes gegenüber geschlagen war. »Christopher Robin [konnte] ihn nur mit offenem Mund anstarren und [fragte sich], ob dies wirklich der Bär von so wenig Verstand war, den er schon so lange kannte und liebte.«
Uns allen ist diese Passage vertraut. Aber ist uns auch die esoterische Verbindung bewußt, die zwischen der Offenbarung von Pus intellektueller und

moralischer Größe und dem Verschwinden der zehn Honigtöpfe besteht? Ich fürchte, nein. Doch keine Sorge: gleich wissen Sie mehr.

Auf der materiellen Ebene hat der Honig Pu körperlich gestärkt und ihm somit die Kraft für die Bewältigung der physischen Strapazen verliehen.

Spirituell hat er ihn auf dieses erhabene Beispiel für Weisheit und liebevolle Güte vorbereitet. Wie immer liefert der Text denjenigen, die ihn mit der gebührenden Aufmerksamkeit lesen, den entscheidenden Hinweis.

Was ist das für ein Gefährt, das Pu zu Christopher Robin bringt? *Der Schwimmende Bär,* einer von den leeren Honigtöpfen; wir haben es hier also mit dem alchimistischen Gefäß zu tun, stofflich leer, nachdem es seinen eigentlichen Zweck erfüllt hat, aber spirituell gefüllt, voller Luft, die für den Odem der Inspiration steht – »Inspiration« bedeutet ursprünglich »einatmen« –, die göttliche Inspiration, der Prana des hinduistischen Mystizismus. Kann es einen überzeugenderen Beweis geben, daß Pu sowohl in der spirituellen als auch in der stofflichen Alchimie triumphiert?

Wenn sogar Christopher Robin angesichts dieser Demonstration von Pus Geistesgröße für einen kurzen Augenblick in Erstaunen versetzt wird, kann unsere Reaktion da zurückhaltender ausfallen?

Pu als Beispiel für den wohltätigen Alchimisten

Pus grundsätzliche Güte manifestiert sich nicht nur in seiner freundlichen Warmherzigkeit gegenüber den Gefährten, sondern auch in ungewöhnlichen

Taten praktischer Hilfeleistung. Die Rettung von Ferkel ist nur ein Beispiel von vielen. Es ist Pu, der sich auf die Suche nach I-Ahs verschwundenem Schwanz macht und ihn auch findet. Interessant ist in diesem Zusammenhang, daß das Finden verlorener Objekte ein typisches Merkmal okkulter Meister ist.

Gern verweisen wir auch auf die Tatsache, daß Christopher Robin die gute Tat vollendet, indem er den Schwanz wieder an der richtigen Stelle annagelt. Ich habe so oft auf seine Grenzen hingewiesen, daß seine praktische Hilfsbereitschaft besonders erfreulich ist. Ich möchte wiederholen, daß seine Gutherzigkeit ebenso außer Frage steht wie seine praktischen Fähigkeiten bei der Bewältigung des Alltags: Es sind lediglich seine intellektuellen Kräfte, die so eklatant hinter denen unseres Helden zurückbleiben.

Ein weiteres Beispiel für Pus praktische Wohltätigkeit ist seine Bereitschaft, bei der »Nachforschung« nach Klein – Sehr Kleiner Käfer, um seinen vollständigen Namen zu nennen – behilflich zu sein. Wer denkt in diesem Zusammenhang nicht unwillkürlich an das Diktum Ko Hungs über die Eigenschaften eines Alchimisten: Er muß »selbst die kriechenden Wesen lieben«, wie beispielsweise Klein; »sich am Glück anderer erfreuen«, wie beispielsweise Pu-Stöcke-Spielen mit seinen Freunden; »Mitleid empfinden, wenn sie leiden«, so wie er häufig Mitleid mit I-Ah hat, mit Oile, als ihr Haus zerstört wird, und mit Ferkel, als es völlig vom Wasser eingeschlossen ist und als es sein Zuhause verliert.

Kurz bevor die Nachforschung nach Klein organisiert wird, zählt Pu seine Töpfe Honig. Er kommt auf insgesamt vierzehn oder fünfzehn. Ich möchte darauf hinweisen, daß die Zahl seiner Töpfe Honig – Symbol für Gold – eine anschauliche Konkretisierung des alchimistischen Prozesses der sogenannten Vermehrung oder *Multiplicatio* darstellt, durch die der Stein der Weisen Goldmengen hervorbringen kann, die weitaus größer sind als der Stein selbst.

Pu als bedeutender Alchimist auf jeder Ebene

Der gleichzeitige Erfolg sowohl in der materialen wie auch in der spirituellen Alchimie ist einer der überzeugendsten Beweise für Pus Rang als Großer Meister seiner Zunft. Zudem ist anzumerken, daß sein Ruhm mittlerweile fast so lange währt wie das hundertjährige Leben, das Dr. Johnson als untrügliches Zeichen für literarische Unsterblichkeit betrachtete: ein klarer Beweis dafür, daß Pu auch das Elixier des Lebens sein eigen nennt. Daher stimmen auch Sie sicherlich mit mir darin überein, daß Winnie-der-Pu zu den seltenen Ausnahmen zählt, von denen Ko Hung vor rund sechzehn Jahrhunderten sagte, daß diejenigen, die den Weg beschreiten möchten, so zahlreich seien wie die Haare eines Büffels, daß jedoch diejenigen, denen Erfolg beschieden ist, so selten seien wie das Horn eines Einhorns.

Pu selbst warnt uns mit ähnlichen Bildern, daß das angestrebte Ziel nur schwer zu erreichen ist: Das unwahrscheinliche Heffalump und das geheimnisvolle und unentdeckte Wuschel sind seine Metaphern für die Fährnisse der Suche.

4
PU UND DIE HERMETISCHE PHILOSOPHIE

Die hermetische Philosophie oder Hermetik ist benannt nach Hermes Trismegistus, dem angeblichen Begründer dieser Geheimlehre. In vielerlei Hinsicht überschneidet sie sich mit anderen Formen uralter Lehren. Hermetiker studierten Astrologie, Alchimie und die Kabbala. Doch sie zeichneten sich durch zwei Besonderheiten aus. 1. Sie behaupteten, eine Methode entwickelt zu haben, mit der sie Schritt für Schritt von der irdischen Ebene zu den höchsten intellektuellen und spirituellen Sphären aufsteigen konnten. 2. Sie behaupteten zudem, mit Hilfe der Mächte der Himmelskörper Geschehnisse auf unserer Welt beeinflussen zu können.

Bevor wir Pu weitere Erklärungen liefern lassen, müssen wir uns zunächst einige seiner diesem Kontext zugehörigen symbolischen Handlungen ansehen. Andernfalls könnte es sein, daß wir von dem geraden und schmalen Pfad der schlüssigen

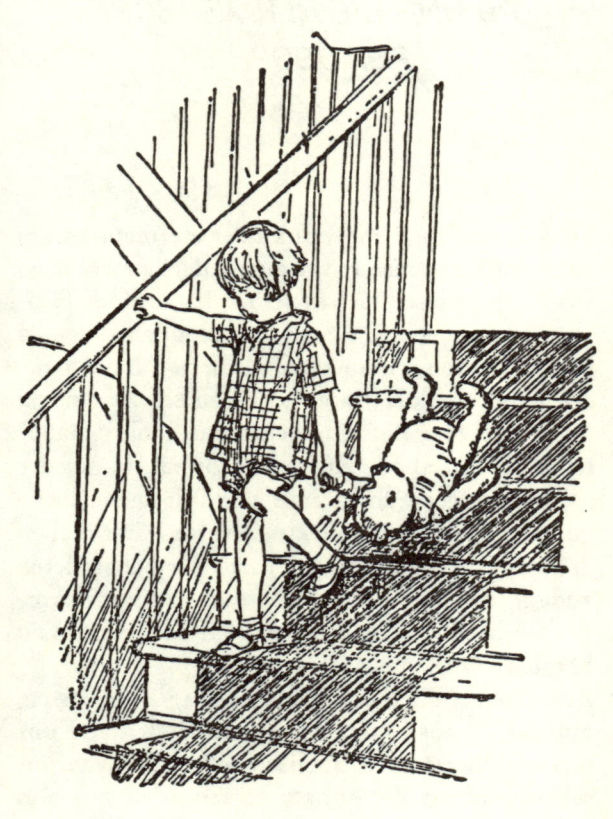

Beweisführung abweichen und in jene leeren Regionen geraten, wo Chimären ihr Unwesen treiben. Diese Gefahr ist stets allgegenwärtig, wenn man sich in die geheimnisvollen Regionen des Okkulten begibt.

Betrachten wir also eine vertraute Szene: den ersten und letzten Absatz von *Pu der Bär:*

1. Hier kommt nun Eduard Bär die Treppe herunter, rumpel-di-pumpel, auf dem Hinterkopf, hinter Christopher Robin. Es ist dies, soweit er weiß, die einzige Art, treppab zu gehen, aber manchmal hat er das Gefühl, als gäbe es in Wirklichkeit noch eine andere Art, wenn er nur mal einen Augenblick lang mit dem Gerumpel aufhören und darüber nachdenken könnte ... Jedenfalls ist er jetzt unten angekommen und bereit, dir vorgestellt zu werden. Winnie-der-Pu.

2. und einen Augenblick später hörte ich Winnie-den-Pu – *rumpeldipumpel* –, wie er hinter ihm [Christopher Robin] die Treppe hinaufging.

Beide Szenen sind mit einer Zeichnung von Shepard versehen. Wir wissen natürlich längst, daß Shepards Illustrationen im Pu-Opus eine bedeutende Rolle spielen, doch für unsere Beschäftigung mit der hermetischen Lehre sind sie ganz besonders aufschlußreich. Gemälde, Diagramme und Skulpturen waren für die Vermittlung der alten Weisheit der hermetischen Magi genauso wichtig wie das geschriebene Wort, ja, in mancherlei Hinsicht sogar noch wichtiger. Zunächst einmal konnten visuelle Symbole den Eingeweihten okkulte Bedeutungen besser verständlich machen als Worte und diese Bedeutungen gleichzeitig vor den uneingeweihten Außenstehenden verschleiern. Außerdem besaßen solche Bilder eine magische Kraft, wenn sie von einem erfahrenen Magus dienstbar gemacht wurden. Kommen wir nun auf Pus Treppe zurück.

Auch ohne in die hermetische Geheimlehre eingeweiht zu sein, fallen uns sofort zwei interessante Fakten auf. Die erste und offensichtlichste Tatsache ist, daß wir mit einem Abstieg beginnen und mit einem Aufstieg enden. Die zweite, weniger auffällige, aber ebenso bedeutsame Tatsache ist, daß unser Weise zunächst als »Eduard Bär« bezeichnet wird. Erst als er unten an der Treppe angelangt ist, wird er als »Winnie-der-Pu« vorgestellt.

Erörtern wir zunächst das zweite und einfachere Problem: Wir erkennen sogleich, daß der recht verwirrte Bär, der auf unbequeme und unwürdige Art und Weise die Treppe herabkommt, die bloße Maske oder Persona des Großen Bären ist, dessen

Weisheit wir hier demütig studieren. Milne macht uns dies unmißverständlich klar, indem er für die bloße Maske die Bezeichnung »Eduard Bär« verwendet und wartet, bis der Treppenabstieg abgeschlossen ist, bevor er uns »Winnie-den-Pu« vorstellt.

Dem Wort »vorstellen«, und zwar in seiner im englischen Original verwendeten Form, *introduce,* sollten wir die ihm gebührende Aufmerksamkeit zuteil werden lassen. *Introduce* leitet sich von einem lateinischen Wort mit der Bedeutung »ins Innere führen« her. Es ist bekannt, daß ein Wort seinen Ursprung niemals ganz vergißt. Wir können also davon ausgehen, daß Milne uns, wenn er Winnie-den-Pu *vorstellt,* in das Geheimnis des Großen Bären hineinführt. Natürlich nur ein kleines Stück. Wir haben gesehen, daß ein einzelner Name dieses großartige Wesen unmöglich erfassen könnte. Und der aufmerksame Leser wird sich erinnern, welche tiefere Offenbarung durch die Namensform »Winnie-*der*-Pu« angedeutet wird, über die Milne, wie er ausdrücklich sagt, in wahrhaft hermetischer Manier keinerlei Aufschluß geben möchte.

Aber natürlich, so werden Sie sicherlich denken, steckt noch mehr dahinter. Vielleicht etwas, das noch spezifischer hermetisch ist? Sie haben ganz recht, es steckt mehr dahinter. Ziel der Hermetiker war es, von der unteren Sphäre der Erde zu den höchsten Gipfeln spiritueller und intellektueller Macht aufzusteigen. Das ließ sich nicht mit einem Sprung bewerkstelligen. Es war ein langwieriges und mühsames Erklimmen der kosmischen Leiter oder – um Milnes Bild zu verwenden – *Treppe.*

Die Hermetiker stellten sich das Universum als eine gewaltige Reihe von konzentrischen Kreisen vor. In der Mitte, die, und das ist wichtig, den tiefsten Punkt des Universums bildete, befand sich die Erde. Dann kamen die Kreise der anderen drei Elemente: Wasser, Luft und Feuer. Dann die Kreise der Planeten, zu denen, nach Ansicht der Hermetiker, Sonne und Mond gehörten. Dann der Kreis der Fixsterne. Das war die äußere Grenze der materiellen Welt, aber dahinter lagen die Reiche des reinen Intellekts, der in dem höchsten und letzten Geist gipfelte (*Mens* oder *Nous* in der hermetischen Terminologie) und im Empyreum angesiedelt war. Man stellte sich daher den Aufstieg zur *Mens* oder zum Geist durchaus als das Emporsteigen einer Treppe oder Leiter vor.

Somit fällt es uns nicht schwer, die Allegorie der Treppe in unseren beiden Textpassagen zu deuten. Der Abstieg am Anfang bedeutet, daß Pu als hermetischer Magus die Güte hat hinabzusteigen, um in unserer niedrigeren Welt Tugend und Weisheit zu verbreiten. Der verwirrte und etwas unsanft behandelte Eduard Bär symbolisiert unser anfängliches Unvermögen, seine wahre Natur zu erkennen. Wie Pu Bär einen offensichtlich noch gefährlicheren Abstieg souverän meistert, veranschaulicht sein Sturz vom Baum in einem späteren Kapitel. Dies steht in deutlichem Gegensatz zu Tiegers Schwierigkeit, seinen Baum hinabzusteigen, als bewiesen wird, daß »Tieger nicht auf Bäume klettern«: eine Warnung vor den Gefahren, die sich aus dem Versuch ergeben, mystische Höhen ohne entsprechende Vorbereitung zu erklimmen.

Im letzten Absatz des letzten Kapitels von *Pu der Bär* wird Eduard Bär nicht erwähnt, und es deutet auch nichts auf eine Verwirrung hin; wir lesen nur, daß Winnie-der-Pu hinaufgeht. Daraus läßt sich eindeutig schließen, daß Winnie-der-Pu, nachdem er auf Erden Licht und Weisheit verbreitet hat, nun zu der höchsten intellektuellen und spirituellen Ebene zurückkehrt.

Ursinologen, die sich auch in der *Göttlichen Komödie* auskennen, werden daran denken müssen, wie Beatrice Dante durch die himmlischen Sphären führt, bis sie die höchsten Höhen des Empyreums erreichen. Auch dies ist eine bedeutsame Parallele zwischen Dante und A. A. Milne.

Wem von meinen Lesern diese besondere esoterische Bedeutung der Treppe (und des Baumes) entgangen ist, der sei an das vieldeutige Bild des Ballons erinnert, der es Pu ermöglicht, »durch Wolkenschleier hinauf gen Himmel zu schweben« (frei zitiert nach Giordano Bruno). In dieser kleinen Allegorie ist Pus Kooperation beim eigenen Abstieg ein Beispiel für die Bereitschaft, seinen schwächeren Freunden auf dem Weg behilflich zu sein.

Und deshalb vermittelt Shepards Bild von der Treppe uns allen eine hoffnungsvolle Botschaft. Wir sehen Känga, I-Ah und Ferkel oben an der Treppe. Wenn wir uns erst in Kapitel zehn des vorliegenden Buches intensiv mit Känga beschäftigt haben, werden wir keineswegs überrascht sein, daß sie da ist. Daß Ferkel dabei ist, mag uns zunächst verwundern. Doch bei näherer Überlegung verstehen wir, daß sich darin bereits seine Entwicklung in *Pu baut ein Haus* ankündigt. Einer Erklärung bedarf jedoch die Gegenwart von I-Ah und Christopher Robin, und die werden wir in den Kapiteln sieben und acht nachreichen.

Pu und Giordano Bruno

Obwohl Winnie-der-Pu eindeutig der größte Bär aller Zeiten ist, ist er nicht der einzige bedeutende Bär und auch nicht der erste. Anfang des zwölften Jahrhunderts finden wir Bruno den Bären in der bekannten Fabelsammlung *Reinhart Fuchs*. Diese Figur war so beliebt, daß »Bruno« zum Synonym von »Bär« wurde: Jeder Erforscher der

Weltmysterien muß dabei sofort an Giordano Bruno (1548–1600) denken, den berühmten hermetischen Philosophen der Renaissance, und jeder hermetische Ursinologe, der die beiden Namen zusammenfügt, muß sofort an Winnie-den-Pu denken.

Möglicherweise hält mancher Leser diese Assoziation für etwas dürftig, verwirft sie vielleicht sogar als zufällige Wortverwandtschaft. Darauf möchte ich erstens erwidern, daß es auf dem Gebiet, das wir hier erforschen, keine Zufälle gibt. Sämtliche Zufälle, ob nun verbaler oder sonstiger Natur, sind ungemein bedeutsam. Zweitens wird die verbale Verbindung durch überzeugende Beweise erhärtet. Pu Bär persönlich wird die wesentlichen Punkte der hermetischen Philosophie im Laufe dieses Kapitels offenlegen. Fürs erste genügt die Anmerkung, daß die Hermetik in der Renaissance einen so hohen Stellenwert hatte, daß Cosimo de' Medici, als die hermetischen Schriften um 1460 in Florenz bekannt wurden, seinen großen Gelehrten Marsilio Ficino beauftragte, dessen Platon-Übersetzung zurückzustellen und sich auf die Übersetzung des *Corpus Hermeticum* zu konzentrieren.

In der Renaissance wurden die hermetischen Schriften vor allem deshalb verehrt, weil der legendäre Hermes Trismegistus – Miltons »dreimalgrößter Hermes« – als ihr Verfasser galt. Er wurde mit dem ägyptischen Gott Thoth und dem griechischen Hermes gleichgesetzt und soll zur Zeit von Moses gelebt haben. Somit genossen die hermetischen Schriften das doppelte Ansehen, nämlich möglicherweise göttlichen Ursprungs zu sein und mit Sicherheit aus biblischer Zeit zu stammen. Dieses Ansehen wurde im Jahre 1614 von Isaac Casaubon zerstört, der überzeugend nachwies, daß die hermetischen Manuskripte in Wahrheit aus der Feder verschiedener Verfasser zwischen dem ersten und dritten Jahrhundert n. Chr. stammten. Einige der Schriften erwiesen sich sogar als noch jüngeren Datums.

Natürlich sträubten sich viele Hermetiker vehement gegen diese schmerzlich ernüchternde Entdeckung. Wir müssen uns zumindest fragen, ob Milne darauf anspielt, wenn er sagt, »Christopher Robin hatte den Vormittag zu Hause verbracht, wo er einmal nach Afrika und zurück gereist war ...« Da Ägypten die Heimat Thoths war und das traditionelle Ursprungsland der hermetischen Schriften, können wir Christopher Robins innerhäusige Reise nach Afrika und zurück so deuten, daß er den Vormittag mit dem Studium des *Corpus Hermeticum* verbracht hat. Falls dem so ist, gereichen ihm seine hermetischen Studien zur Ehre, aber vielleicht will uns die Passage auch sagen, daß er den traditionellen Ursprung der Schriften trotz allem akzeptiert. Aufgrund seiner etwas konservativen Einstellung wäre Christopher Robin ein durchaus typischer Vertreter jener Spezies, die an tradierten Überzeugungen festhält und beunruhigende neue Entdeckungen verwirft.

Trotz des starken Widerstands mußte Casaubons Datierung letzten Endes akzeptiert werden. Doch der eigentliche Wert der alten Mysterien und der alten Lehren hängt letztlich nicht von Daten ab. Es gibt eine Wahrheit der Ereignisse, und diese müssen wir uneingeschränkt respektieren; aber es gibt auch eine Wahrheit der Ideen und Vorstellungen. Auch diese verdient unseren Respekt. Solange wir beides nicht verwechseln, besteht kein Grund zur Beunruhigung. In diesem kleinen Buch wollen wir möglichst verhindern, daß es zu einer derartigen Verwechslung kommt. Nachdem wir beispielsweise die Fakten bezüglich der Datierung der hermetischen Schriften gewissenhaft angegeben haben, wollen wir im folgenden genauso gewissenhaft die Fakten bezüglich des hermetischen Gedankenguts wiedergeben. Zunächst jedoch müssen wir, wie angekündigt, überzeugende Beweise für die Verbindung zwischen Giordano Bruno und Winnie-dem-Pu erbringen.

Dazu wenden wir uns erneut der höchst rätselhaften »Vorstellung« von *Pu der Bär* zu. Für die verwirrenden und quälenden Anspielungen darauf, daß Pu hinter verschlossenen Türen und in einem Käfig eingesperrt ist – auch wenn es ein ganz besonderer ist –, finden wir eine einzige offenbar relevante Erklärung. Sie nehmen deutlichen Bezug auf Brunos nachdrückliche Behauptung, daß die Nichtoffenbarung der hermetischen Lehre vergleichbar sei mit einem großen Fürsten, der im Kerker liegt ... und in der stickigen Luft einer engen Zelle um Atem ringt. Glücklicherweise steckt Pu Bär nicht lange in seinem Kerker. Die ganze Pusche Welt ist im Grunde die von Bruno postulierte Offenbarung.

Pus Welt, wie Milne sie uns vor Augen führt, ist eine helle Welt, in der Pu sich frei bewegen kann, keine Welt, in der wir uns ihm nur »durch dunkle Gänge« nähern können. Er verkehrt ungezwungen mit seinen Freunden, beschert allen Freude und muntert die Bedrückten auf. Warum also stellt unser Autor, der jedes seiner Worte mit Bedacht wählte, eine Passage an den Anfang, deren Bedeutung, sowohl symbolisch als auch wortwörtlich verstanden, derart dunkel ist? Die Antwort ist absolut hermetisch, und das in mehrfacher Hinsicht.

1. Es handelt sich um eine Anspielung auf den Ausspruch, den Bruno Isis in den Mund legt, wenn sie sagt, der Wechsel von Dunkel und Licht sei eine Fügung des Schicksals. Offenbar kann kein materieller Käfig den Geist von Win-

nie-dem-Pu einsperren. Keine Finsternis kann seinen strahlenden Verstand verdunkeln. Die Dunkelheit liegt in jedem Fall im Verstand nichterleuchteter Außenstehender.

2. Deren – und, wie wir einräumen müssen, vielleicht auch unser – Verstand ist es, der in Unwissenheit eingesperrt ist. An dieser Stelle können wir Shakespeare um Beistand anrufen. Wir haben ihn bereits in Kapitel eins als einen großen Magus bezeichnet. Fürs erste jedoch wollen wir uns erinnern, daß er Feste, den Narren, sagen läßt: »Es gibt keine andere Finsternis als Unwissenheit.« (*Was ihr wollt*, IV, 2)

3. Wie bei Milne finden sich auch bei Bruno schwierige Passagen. Viele Ursinologen muß es schockiert und verwirrt haben, bei ihm die Anrufung an die Götter zu lesen, sie sollten vom Himmel unseres Verstandes den BÄREN der Verzerrung entfernen. Bruno hat zwar zweifellos ihren Schock, aber wohl kaum ihre Verwirrung gelindert, als er gleich darauf hinzufügte, zu Ursa Major und Ursa Minor steige Wahrheit, Sein, Gutes auf, die Verzerrung, Falschheit und Schwäche vertreiben. Glücklicherweise löst Pu Bär selbst das Rätsel.

Wie schon so oft liegt die Lösung auch hier zum Teil darin, daß wir lernen, Pu, wie er wirklich ist, von Pu, wie unser begrenzter Verstand ihn wahrnimmt, zu trennen. Text und Illustrationen betonen wiederholt Pus enge Beziehung zur Sonne und erinnern uns daran, daß die magische Kraft der Sonne eine entscheidende Vorstellung in der Hermetik wie auch im neuplatonischen Denken ist. Fassen wir die Argumente der letzten Absätze zusammen, so verstehen wir nun den Unterschied zwischen dem verzerrten Bären, als der er unseren bloßen Sinnen erscheinen mag, und dem strahlenden Bären, den wir dank unseres Autors und seines Illustrators die Ehre haben zu sehen. Falls nach wie vor Zweifel bestehen, so werden sie durch Milnes eigene Worte sicherlich zerstreut. In der Szene, in der Pu sich sonnt, heißt es, daß »Pu beinahe beschlossen hatte, den ganzen Vormittag als Pu in der Mitte des Baches zu verbringen ...« Kann man sich eine überzeugendere Darstellung des Großen Bären in heiterem Zusammensein mit seinem wahren Ich vorstellen?

Wie der hermetische Magus die Himmelskörper beeinflußt

Wir kommen nun zwangsläufig zu einem weiteren wichtigen Bereich der hermetischen Philosophie. In dem Kapitel über Astrologie ging es um die eher konventionellen Aspekte des Themas: die Verbindung der Himmelskörper mit irdischen Wesen und

Ereignissen und ihr möglicher Einfluß auf diese. Die hermetischen Philosophen gingen noch einen Schritt weiter. Sie glaubten, daß ein wahrer Magus sich die Sterne dienstbar machen konnte. Er konnte die Einflüsse, die von den Sternen und Planeten auf alles auf der Erde herabströmten, in bestimmte Bahnen lenken. Robert Fludd, der englische Hermetiker und Kabbalist (1574–1637), hat einmal gesagt, jede Pflanze oder jedes Kraut gehöre zu einem Stern am Firmament. Er fügte hinzu, daß nach Moses Arabicus jedes Lebewesen einen bestimmten Stern habe, der seinen Einfluß hinabschickt, um sein Leben auf der Erde zu schützen und zu bewahren.

Alles im Universum – und Bruno, wie wir uns erinnern, glaubte an eine Unendlichkeit der Welten –, alles war mit allem anderen verbunden. Jeder Planet hatte einen bestimmten Einfluß auf gewisse Pflanzen, Tiere und Mineralien. Jedes Tierkreiszeichen stand in einem besonderen Bezug zu bestimmten Teilen des Körpers. Ein Magus, der um diese Beziehungen wußte, konnte sich mit ihrer Hilfe gewaltige kosmische Kräfte für seine Arbeit dienlich machen. Somit konnte ein erfahrener Magus nicht nur natürliche Beziehungen nutzen, sondern auch Talismane und Bilder schaffen, die die Einflüsse der Planeten bündelten und es ihm ermöglichten, diese zu beeinflussen.

Vor diesem Hintergrund erschließt sich uns eine Passage in *Pu baut ein Haus,* die sich für Pu-Bewunderer häufig als Stolperstein erwiesen hat. An einem sonnigen Vormittag sieht Pu, wie Ferkel eine Heichel pflanzt, in der Hoffnung, daß sie zu einem Heichelbaum heranwächst und es so praktischerweise mit Heicheln versorgt.

»Und«, sagte Pu, »wenn ich vor meinem Haus eine Honigwabe pflanze, wächst sie zu einem Bienenstock heran.«

Diese Äußerung ist – von oberflächlichen Lesern – häufig als amüsanter Unsinn des Bären von wenig Verstand aufgefaßt worden. Die Klügeren mußten oftmals ein unlösbares Problem darin gesehen haben. Für die hermetisch Denkenden liegt die Antwort auf der Hand. Hermetisches Denken verläuft prinzipiell in Analogien, also, warum sollte eine Honigwabe nicht zu einem Bienenstock heranwachsen, wo doch eine Heichel zu einem Heichelbaum heranwächst? Natürlich geschieht das nicht ohne spezielle Hilfe, und genau diese Hilfe kann ein Magus leisten, indem er die himmlischen Kräfte beeinflußt.

Schon mit diesem kurzen Beispiel veranschaulicht Pu zum einen die große hermetische Maxime »Wie oben, so unten«, zum anderen seine eigene Macht als Magus. Wie wir es von ihm gewohnt sind, warnt er uns obendrein vor den möglichen Gefahren, Mächte zu nutzen, die wir nicht beherrschen können. Falls, so mahnt er uns, versehentlich »das falsche Stück« Bienenstock verwendet wird, dann könnte das zur Folge haben, daß die Bienen »herumschwirren, anstatt Honig zu machen«. Die Kunstfertigkeit unseres Autors zeigt sich wieder einmal darin, daß er diese kleine Episode in dem Kapitel mit der Überschrift »Aus welchem hervorgeht, daß Tiger nicht auf Bäume klettern« untergebracht hat. Hier schildert er, wie Tiger, der sein Können überschätzt, mit Ruh auf dem Rücken einen Baum besteigt, aber ohne Hilfe nicht wieder herunterkann. Ob wir diese Szene symbolisch verstehen oder nicht, die Warnung ist in jedem Fall deutlich.

So verwundert es nicht, daß jeder Magus die Notwendigkeit zu strikter Geheimhaltung betonte, damit das machtvolle Wissen nicht in unfähige oder vielleicht sogar unwürdige Hände fiel. Wohl aus diesem Grund hat Milne solche gewaltigen Wahrheiten in eine Kindergeschichte gekleidet.

Selbst heute, da die Zeit gekommen ist, einen großen Teil der ursinianischen Weisheit zu enthüllen, halte ich mich an die prinzipielle Schweigepflicht meiner berühmten Vorläufer. Die Leser werden auf diesen Seiten vergeblich nach Informationen suchen, die ihnen Kräfte verleihen würden, die weit über das hinausgehen, was durch Kernspaltung zu erreichen ist.

Es ist kein Zufall, daß die Hermetik dem alltäglichen Sprachgebrauch den Begriff hermetisch beschert hat. Wenn wir von einem hermetisch verschlossenen Gefäß sprechen, meinen wir, daß es so dicht wie nur irgend möglich verschlossen ist, so daß nichts herauslaufen kann. Im wörtlichen Sinne war das hermetische Versiegeln für die in der Alchimie verwendeten Gefäße von enormer Bedeutung, und diese Technik wurde von vielen hermetischen Philosophen praktiziert. Metaphorisch gesprochen waren Geheimnisse, die für die Unwissenden und Unwürdigen nicht geeignet waren, in den Köpfen der Meister hermetisch verschlossen.

Natürlich kam es vor, daß reale Gefäße geöffnet und Geheimnisse enthüllt werden mußten. Ein besonders anschauliches Beispiel dafür ist die Episode, in der der eingeklemmte Bär in starker Bedrängnis aus Kaninchens Tür »genau wie ein Korken, der aus der Flasche gezogen wird« befreit wird. Daß es sich bei dieser Parabel um eine Anspielung auf die Hermetik handelt, steht außer Zweifel.

Auf der spirituellen und intellektuellen Ebene bedeutet dies, daß für Pu die Zeit gekommen ist, nach seinem Rückzug zum Fasten und Meditieren über das gehaltvolle Buch in unsere Welt zurückzukehren und sie in den Genuß seiner Weisheit kommen zu lassen.

Dieses freundliche und selbstlose Geschenk seiner Weisheit ist nur ein Beispiel dafür, wie Winnie-der-Pu Brunos Kriterien für den wahren hermetischen Magus erfüllt. Er ist »maßvoll« – man erinnere sich an die »*Klein*igkeit« (Hervorhebung von mir); ein »Experte in der Heilkunst« – man erinnere sich, wie er I-Ahs amputierten Schwanz wiederbeschafft; »ein bemerkenswerter Weissager« – man erinnere sich, wie er den Nordpol entdeckt und den Nachhauseweg findet, nachdem Kaninchen sie alle in die Irre geführt hat. Der überwältigende Beweis seiner anhaltenden Beliebtheit bestätigt Brunos Prophezeiung, daß die überragenden Taten der hermetischen Magi noch bis in unsere Zeit ihre Spuren hinterlassen werden.

Pu und Shakespeare

Die Mächte eines wahren Magus faßte Shakespeare in die berühmten Worte, die er Prospero gegen Ende von *Der Sturm* in den Mund legt. An seine Geister gerichtet, sagt Prospero:

> mit deren Hilfe (Seid ihr gleich schwache
> Fäntchen) ich am Mittag
> Die Sonn umhüllt, aufrühr'sche Wind
> entboten,
> Die grüne See mit der azurnen Wölbung
> In lauten Kampf gesetzt, den furchtbarn
> Donner
> Mit Feuer bewehrt, und Jovis' Baum
> gespalten
> Mit seinem eignen Keil, des Vorgebirgs
> Grundfest' erschüttert, ausgerauft am
> Knorren
> Die Ficht und Zeder: Grüft', auf mein
> Geheiß,
> Erweckten ihre Toten, sprangen auf
> Und ließen sie heraus durch meiner Kunst
> Gewalt'gen Zwang!

Diese Passage allein weist Shakespeare als profunden Kenner der hermetischen Magie aus. Die der Hexe Sycorax zugesprochenen Kräfte zeigen, daß er sich in der schwarzen ebenso wie in der weißen Magie auskannte. Können wir Zweifel daran hegen, daß die Kräfte von Winnie-dem-Pu größer sind als Prosperos und daß Pu sie sanfter und gütiger wirksam werden läßt? Interessant ist hier zum Beispiel Prosperos erste Begegnung mit Ferdinand im Vergleich zu Pus erster Begegnung mit Tiger.

Prospero begegnet dem edlen und liebenswürdigen Ferdinand mit grobem Mißtrauen, nennt ihnen einen Verräter und Betrüger und versklavt ihn mit seinen Zauberkünsten (I, 2). Wie anders behandelt Pu dagegen Tiger!

»Winnie-der-Pu wachte plötzlich mitten in der Nacht auf und lauschte.« Er hört einen anhaltenden Lärm: »*Worraworraworraworraworra*«, den er als ungewöhnlich erkennt.

Was kann es sein? dachte er. Es gibt jede Menge Geräusche im Wald, aber dies ist anders. Es ist kein Knurren, und es ist kein Schnurren, und es ist kein Bellen, und es ist nicht das Geräusch-das-man-macht-bevor-man-anfängt-zu-dichten, aber irgendein Geräusch ist es, und es wird von einem fremdartigen Tier gemacht.

In dieser Situation, in der viele Furcht an den Tag gelegt hätten, zeigt Pu den gelassenen Mut des wahrhaft erleuchteten Magus. Wo Prospero mit feindseligem Mißtrauen reagiert und sich dadurch verteidigt hätte, daß er Tieger durch einen Zauber lähmte, begrüßt Pu ihn höflich, lädt ihn ein, bei ihm zu übernachten, und verspricht ihm ein Frühstück. Wer je an Pus spiritueller und moralischer Überlegenheit gezweifelt hat, den muß diese Episode einfach überzeugen. Prospero selbst gesteht implizit seine Unterlegenheit ein, als er verspricht, seinem »*grausen* Zaubern« [V, 1] (Hervorhebung von mir) abzuschwören. Was für ein Unterschied zu der freundlicheren, aber – vielleicht gerade deshalb – mächtigeren Magie von Winnie-dem-Pu.

Interessant an dieser Episode ist auch, daß Pu durchaus berechtigte Vorsicht an den Tag legt, als er sich vorstellt:

>»Ich bin Pu«, sagte Pu.
>»Ich bin Tieger«, sagte Tieger.

Trotz seiner Gastfreundlichkeit nennt Pu nicht seinen vollständigen Namen, denn er weiß, daß der Wissende dadurch Macht über denjenigen bekommt, über den er etwas weiß, und daß es töricht wäre, einem Fremden diese Macht zu geben. Der

impulsive und vermutlich unwissende Tieger nennt
dagegen gleich seinen vollständigen Namen.

Als Pu Tieger am versprochenen Frühstück teilhaben läßt, vollzieht er nicht nur einen Akt der Gastfreundschaft, sondern prüft außerdem, ob Tieger
für die okkulte Initiation geeignet ist. Leider ver-
schmäht Tieger den angebotenen Honig der Weisheit. Am Ende des Kapitels jedoch gibt Tieger An-
laß zu berechtigter Hoffnung. Nachdem er auch
Ferkels Heicheln und I-Ahs Disteln abgelehnt hat,
entscheidet er sich begeistert für Ruhs Malzextrakt.
Sowohl vom Geschmack als auch von der Konsi-
stenz her ist Ruhs Stärkungsmedizin Honig am
ähnlichsten, so daß Tieger vielleicht eines Tages zu
Honig übergeht. Auffällig ist, daß die Verwendung
von Nahrung als Indiz für den intellektuellen Zu-

stand des Essenden dem Beispiel des berühmten Okkultisten Abt Trithemius (1462–1516) folgt, der davor warnte, dem Ungeeigneten Wahrheiten zu offenbaren, indem er sagte: »Heu dem Ochsen und Zucker dem Papagei ...«

Die hermetische Bedeutung von Pus Gesummen

»Denn ein Gedicht und ein Gesumm sind keine Sachen, die man so einfach packen kann, man wird von ihnen gepackt.«

In einem hermetischen Kontext muß uns die Verbindung zwischen den Gesummen von Pu und den orphischen Hymnen regelrecht ins Auge springen. Die Hermetiker der Renaissance schreiben diese Hymnen Orpheus zu, dem mythischen Musiker der griechischen Antike, der mit seiner machtvollen Musik wilde Tiere, Bäume und Flüsse bezauberte. Orpheus galt als einer der Meister der Weltmysterien, unmittelbar nach Hermes Trismegistus und vor Pythagoras und Platon.
Die früheste orphische Hymne wurde vermutlich um das sechste Jahrhundert v. Chr. herum komponiert, aber die in der Renaissance bekannteste Sammlung stammt wahrscheinlich aus dem zweiten

oder dritten Jahrhundert n. Chr., also aus derselben Zeit wie die hermetischen Schriften. Viele dieser späteren orphischen Hymnen waren Anrufungen der Sonne, und dazu findet sich eine eindeutige Parallele in folgendem Gesumm von Winnie-dem-Pu:

Diese Stelle, die so warm und so sonnig ist,
Gehört Pu.
Hier frage ich mich, wenn du bei mir bist,
was ich tu.

Die ersten beiden Zeilen sind ein klarer Beleg für die typische orphische Verbindung zwischen der Sonne und dem Magus. Die dritte und vierte weisen »die Stelle, die so warm und so sonnig ist«, als besonders geeignet zum Meditieren und zur Entscheidungsfindung für zukünftige Handlungen aus. Ich sehe mich allerdings gezwungen, einen möglichen Einwand vorwegzunehmen.
Kritiker, deren Kenntnis des Milneschen Textes weitaus größer ist als ihr Verständnis desselben, mögen auf die nächsten zwei Zeilen verweisen und damit versuchen, die gesamte Deutung von Pu in Frage zu stellen, wie sie in diesem Buch dargelegt wird. In den betreffenden Zeilen heißt es:

Sie gehört, fast vergessen, so ein Mist,
Auch noch Ferkel ...

Diese Zeilen, so behaupten die Kritiker, stellen Pu dar, wie er sich selbstsüchtig daran ergötzt, ein einsames Paradies für sich allein zu haben. Schlimmer noch, er bringt sein Bedauern und seinen Unwillen zum Ausdruck, als ihm einfällt, daß er das Paradies mit Ferkel teilen muß. Wie erzürnt er im Grunde ist, so fügen sie hinzu, beweisen seine Worte »so ein Mist«, der stärkste Kraftausdruck, den Milne sich in seinem vorgeblich für Kinder geschriebenen Werk erlaubt. Diese Zeilen, so sagen sie, sprechen nicht nur für sich, sondern sie werfen auch im nachhinein einen dunklen Schatten auf solche Episoden wie Pus Verzehr des Honigs, der ursprünglich als Geburtstagsgeschenk für I-Ah gedacht war.

Solche Argumente mögen den schwankenden Anhängern des Dekonstruktivismus einleuchtend erscheinen. Sie wie auch die anderen Vertreter moderner Theorien werfen mir womöglich eine naiv simplizistische Auslegung der hier untersuchten Texte vor. Doch weit gefehlt, halte ich ihnen entgegen, mein gesamter Kommentar beruht auf dem Konzept von multiplen Bedeutungsebenen, von Multivalenz (Mehrwertigkeit) und Polysemie (mehrere Bedeutungen). Wie sonst könnten zwei vergleichsweise kurze Werke auf lediglich zweihundert Seiten verschlüsselte Verweise auf die Astrologie, Alchimie, hermetische Philosophie, das

Druidentum, den Tarot, die weiblichen Mysterien enthalten?

Doch obwohl die ursinianischen Texte auf verschiedene Weise interpretiert werden können – ja sollten –, gibt es Grenzen. Von niemand Geringerem als dem herausragenden Semiotiker Professor Umberto Eco stammt die Feststellung, daß, wie viele gerechtfertigte Interpretationen es von einem Text auch geben mag, einige Interpretationen selbstverständlich ungerechtfertigt sind. Ich hoffe, inzwischen werden alle meine Leser mir ohne Zögern zustimmen, daß jede abträgliche Interpretation von Winnie-dem-Pu selbstverständlich ungerechtfertigt ist.

Ich hoffe ebenfalls, daß sie mir auch darin zustimmen, daß die einzige annehmbare Interpretation von Pus Ausdruck »so ein Mist« die ist, daß er damit sein Bedauern darüber bekundet, seinen kleinen Freund einen Augenblick lang vergessen zu haben. So gesehen ist »so ein Mist« kein Euphemismus für einen heftigeren Fluch, sondern der stärkste Ausdruck, zu dem er aufgrund seines heiteren Naturells überhaupt je greift.

Zusammenfassende Beschreibung von Winnie-dem-Pu als hermetischem Magus

Ich denke, Winnie-*der*-Pu – an dieser Stelle ist wohl nur sein vollständiger Ehrentitel angebracht – hat bewiesen, daß er der Bezeichnung hermetischer Magus würdig ist.

1. Der hermetische Aufstieg von der Erde zu den höchsten Gipfeln des Intellekts wird mittels dreier Allegorien dargestellt: durch die Treppe, den Baum und den Ballon. »Drei« ist zwar von jeher eine mystische Zahl, doch in Verbindung mit dem »dreimalgrößten Hermes« kommt ihr eine ganz besondere Bedeutung zu.

2. Shepards allegorische Darstellung von Pu, der sich auf dem Stein in einem Bach sonnt, veranschaulicht die Beziehung zur Sonne, die den Hermetikern so wichtig war.

Pu bringt den Sachverhalt auf den Punkt in:

3. Seiner orphischen Hymne.

4. Insgesamt lassen die Verweise auf die Sonne den Schluß zu, daß er nicht nur die Himmelskörper deuten kann, wie wir in Kapitel zwei über die Astrologie gesehen haben, sondern daß er sie außerdem benutzen und in gewisser Weise kontrollieren kann – wie sein Nachdenken über die Möglichkeit, ein Stück einer Honigwabe in die Erde zu pflanzen, deutlich zeigt.

5. Seine ungeheuren Kräfte gehen Hand in Hand mit einem maßvollen Leben und der warmherzigen, praktischen Güte, die wir bei zahllosen Gelegenheiten feststellen können, eine Parallele, die Giordano Bruno für den Hermetiker besonders betont.

Vor dem Hintergrund der hermetischen Tradition sehen wir die »gesamte Welt von Pu« unweigerlich als eine ganz eigene neue Gestaltung der mystischen Stadt Adocentyn, deren Gründung Hermes Trismegistus zugesprochen wird. Es ist überliefert, daß die Einwohner dieser Stadt zur Tugend bekehrt wurden, so daß ihnen jegliche Form von Niedertracht und Übel fremd war. Adocentyn ist vielleicht der Archetypus vieler späterer utopischer Welten, denen jedoch allesamt eine gewisse Kälte anhaftet. Würde es uns trotz der ihnen nachgesagten Tugenden wirklich gefallen, in einer von ihnen zu leben? Nur im Pu-Zyklus finden wir tatsächlich ein Utopia, in dem sich Frieden und Tugendhaftigkeit mit herzlicher, vielfältiger und überzeugender Freude verbinden.

5
PU UND DER TAROT

Obwohl sicherlich vielen meiner Leser die Tarotkarten bekannt sind, wird anderen eine kurze Einführung vermutlich sehr entgegenkommen.

Ein Tarotspiel besteht aus 78 Karten, die in zwei
Hauptgruppen unterteilt sind: den Großen Arkana
oder Trümpfe, die aus 22 Karten bestehen, und den
Kleinen Arkana mit 56 Karten. Die kleinen Karten
unterteilen sich in vier Farben: Stäbe, Kelche,
Schwerter und Münzen oder Pentakel. Jede Farbe
besteht aus zehn Karten mit Zahlen von eins bis
zehn sowie vier Hofkarten: König, Königin, Ritter
und Page.

Nach Meinung einiger Okkultisten gibt es dieses
Spiel seit sehr langer Zeit, und sie sprechen ihm alte
esoterische (geheime) Bedeutungen zu. Tatsächlich
scheint es im fünfzehnten Jahrhundert aufgekom-
men zu sein und wurde für so weltliche Zwecke wie
Kartenspielen und Wahrsagen benutzt. Während
des Wiederaufkommens des Okkultismus im neun-

zehnten Jahrhundert wurden traditionelle Spiele esoterisch ausgelegt, und es entstanden neue esoterische Varianten. Etliche dieser neuen Versionen basierten auf der Annahme, daß zwischen dem Tarot und der Kabbala eine enge Verbindung bestand. Wie unterschiedlich der Tarot bewertet wurde, belegt beispielsweise die Einschätzung des bedeutenden Okkultisten Eliphas Lévi (ca. 1810–1875), der in seinen Schriften den Tarot als das einzige Buch der alten Magi bezeichnete und in ihm den Schlüssel aller Lehren und aller Philosophien der alten Welt sah.

Lévis Schriften waren zwar anregend, aber häufig ausgesprochen unzuverlässig. Um seine Meinung zu relativieren, sollten wir an das vernichtende Urteil des großen kabbalistischen Gelehrten Gershom Scholem erinnern, der die Praktiken französischer und englischer Okkultisten rundweg ablehnte, die seiner Meinung nach so völlig haltlose Behauptungen aufstellten wie beispielsweise, die Tarotkarten hätten einen kabbalistischen Ursprung.

Zum Glück haben wir bereits auf den bedeutenden Unterschied zwischen dem Studium von Fakten und dem Studium von Gedanken hingewiesen. Daher können wir Scholems Auffassung, daß der Tarot nicht auf die Kabbala zurückgeht, akzeptieren und doch gleichzeitig behaupten, daß die Kabbala ein wertvolles Hilfsmittel für die Erhellung der esoterischen Bedeutung der Milneschen Texte ist, vor allem im Hinblick auf den Tarot.

In diesem Kapitel nähere ich mich dem Tarot eklektisch und beziehe mich dabei auf sechs der bekanntesten sowohl esoterischen als auch exoterischen Kartensätze. Ich werde die betreffenden Spiele jeweils genau benennen, damit die Leser, die selbst einen Tarot besitzen, ihre Auslegungen mit meinen vergleichen können.

I-Ah und der Tarot

Obwohl jedes Kapitel des Milneschen Werkes von esoterischer Lehre durchdrungen ist, sind es einige Kapitel in besonderem Maße. Eines davon ist Kapitel vier von *Pu der Bär,* in dem wir erstmals I-Ah begegnen und seine erste erhaltene Unterhaltung mit Pu lesen.

I-Ah steht allein im Wald und denkt über alles nach. »Manchmal dachte er traurig bei sich: Warum?, und manchmal dachte er: Wozu?, und manchmal dachte er: Inwiefern? –, und manchmal wußte er nicht so recht, worüber er nachdachte.« Während I-Ah sich in diesem verwirrten Zustand befindet, kommt Pu hinzu.

»Und wie geht es dir?« sagte Winnie-der-Pu.

I-Ah schüttelte den Kopf von einer Seite zur anderen.

»Nicht sehr wie«, sagte er. »Mir scheint es schon seit längerer Zeit überhaupt nicht mehr gegangen zu sein.«

»Meine Güte«, sagte Pu, »das tut mir aber leid. Laß dich mal anschauen.«

Sobald er I-Ah genauer in Augenschein genommen hat, erkennt er das Problem.

»Was *ist* denn mit deinem Schwanz passiert?« sagte er überrascht.

»Was ist denn mit ihm passiert?« sagte I-Ah.

»Er ist nicht da!«

Nachdem er selbst nachgesehen und den Verlust bestätigt hat: »Das erklärt einiges«, sagte I-Ah düster. »Es erklärt alles. Kein Wunder.«

Pu, der das Ganze »tarotisch« betrachtet, versteht das Problem sofort. Er erinnert sich an den Narren in den esoterischen Tarotspielen (der Tarot von Wirth, der Marseiller Tarot und der Authentic English). Auf den betreffenden Karten ist zu sehen, wie ein Hund dem Narren den Hosenboden zerreißt und dessen nacktes Hinterteil zum Vorschein kommt. Die Parallele zu dem schwanzlosen I-Ah wird in Shepards Illustrationen deutlich.

Der kluge und gütige Bär läßt dem intellektuellen Verstehen rasch eine praktische Lösung folgen.

»I-Ah«, sagte er feierlich, »ich, Winnie-der-Pu, werde deinen Schwanz für dich finden.«

Sehen wir uns einen Moment lang genauer an, wie und mit welchen Worten er sein Versprechen gibt, wobei wir berücksichtigen sollten, daß jedes Milnesche Wort nicht nur mit Bedacht gewählt ist, sondern auch eine schier unergründliche Bedeutungstiefe aufweist. Bemerkenswert ist, daß Pu feierlich spricht; und Feierlichkeit ist selten bei ihm. Daß er seinen vollständigen Namen nennt, verleiht seinem Versprechen zusätzliches Gewicht. Kurz gesagt, Pu selbst unterstreicht I-Ahs Einschätzung, daß der Verlust seines Schwanzes »einiges« erklärt – ja sogar »alles« erklärt.

Als Pu den verlorenen Schwanz wiedergefunden und ihn mit Christopher Robins Hilfe wieder an Ort und Stelle angebracht hat, »tobte I-Ah durch den Wald und wedelte so glücklich mit dem Schwanz ...«

Was hat das mit dem Tarot zu tun? Die Antwort erschließt sich mühelos, wenn wir uns eines der bekanntesten esoterischen Tarotspiele ansehen, den Rider-Waite-Tarot. Der Narr ist hier ein gutaussehender junger Mann, vollständig und elegant gekleidet. Sein Hund springt ihm verspielt um die Beine. Zwar weisen andere esoterische Spiele bedeutende Unterschiede auf, aber bei allen ist der Narr als eine respektgebietende Gestalt dargestellt. Somit läßt sich I-Ahs Übergang von Trübsal zu Freude als ein Schritt von der irdischen Ebene, symbolisiert durch die exoterischen Karten, zu den höheren Ebenen deuten, die durch die esoterischen versinnbildlicht werden.

Natürlich ist es Winnie-der-Pu, der erkennt, daß I-Ah zu einem weiteren Schritt in seiner mystischen Entwicklung bereit ist. Als wahrer Guru handelnd, läßt er ihm die notwendige Hilfe zuteil werden. Seine Handlungsweise hat in diesem Zusammenhang eine doppelte Bedeutung. Sie wirft Licht sowohl auf Pu als auch auf I-Ah.

Trotz des besseren eigenen Aussehens des Narren auf den esoterischen Karten vermute ich, daß viele

Bewunderer I-Ahs sich dagegen verwahren, wenn ich ihre geliebte Figur mit dem Narren gleichsetze. Ich möchte sie alle um Geduld bitten. Sie werden bald sehen, daß die Gleichsetzung I-Ahs mit dem Narren im Tarot in keiner Weise beleidigend ist. Das Gegenteil ist der Fall, sie verleiht ihm eine weitaus bedeutendere Position, als sich seine glühendsten Anhänger auch nur träumen lassen. Werfen wir dazu einen Blick auf die vielfältigen Bedeutungen des Tarot-Narren.

Die Zahl des Narren ist, wie Sie sich erinnern werden, die Null. In den Weltmysterien steht die Null für das elementare Chaos des Nichts, aus dem das Universum hervorging. Die Entstehung des Universums konnte natürlich nicht ohne die Unterstützung durch eine gewaltige, formgebende Macht erfolgen. In diesem Fall ist die Macht selbstverständlich Winnie-der-Pu, den wir soeben in Aktion erlebt haben.

Das erinnert uns daran, daß der Bär als ein besonderes Symbol für diesen Formungsprozeß betrachtet wurde. Lange Zeit glaubte man, daß das Bärenjunge formlos geboren und von seiner Mutter sozusagen in Form geleckt wurde. Auf der geistigen und spirituellen Ebene tut Pu Bär genau das unentwegt, ein weiterer Beleg dafür, daß sich Pu nicht auf eine einzige geschlechtsspezifische Rolle beschränken läßt.

Obwohl I-Ahs Verstand etwas verwirrt ist, als wir ihn kennenlernen, muß Pu ihn bereits aus dem Urchaos herausgeholt haben. Zwar kann er seine eigenen Fragen nicht beantworten, aber allein die Tatsache, daß er sie überhaupt stellt, zeugt von einer erwachenden Neugier bezüglich der großen Mysterien des Lebens. Das steht ganz und gar in Einklang mit der traditionellen Figur des Tarot-Narren. Er ist ein Fragender; jung, unerfahren und unwissend, aber voller Tatendrang und begierig nach Wissen und Erfahrung.

Vor dem Hintergrund dessen, was wir über I-Ah wissen, verlangt seine erste Begegnung mit Pu eine gründliche Untersuchung. Wir haben bereits festgestellt, daß Pu I-Ah aus dem totalen Chaos herausgeholt hat. Aus ihrer kurzen Unterhaltung können wir schließen, daß Pu seinen Schützling besucht, um zu sehen, welche Fortschritte er macht. Seine Frage »Wie geht es dir?« ist nicht die konventionelle höfliche Begrüßungsfloskel, sondern vielmehr die Frage eines Arztes an einen Patienten. Ebenso besagt I-Ahs Antwort »Nicht sehr wie.« keineswegs, daß er das Wort »wie« falsch gebraucht oder falsch verstanden hat, wie oberflächliche Leser vermutet haben. Sie drückt eine durchaus verständliche Unsicherheit hinsichtlich seiner Existenzform – das Wie seiner Existenz – in seiner sich rasch entwickelnden Welt aus.

Der Thoth-Tarot von Aleister Crowley ist bezüglich des Narren besonders aufschlußreich. Crowley spricht von dem Großen Narren der keltischen Tradition und setzt ihn in Bezug zu Parzival, mit dem wir uns in Kapitel sieben beschäftigen werden. Crowleys mächtiger Grüner Mann ist ein traditionelles Symbol für den Frühling und das Neuerwachen des Lebens und somit für Fruchtbarkeit.

Die Darstellung des Narren im Crowley-Tarot erlaubt uns eine weitere visuelle Gleichsetzung des Narren mit I-Ah. Statt des Hundes, der den Narren in den mittelalterlichen Spielen angreift oder ihm, wie in der Rider-Waite-Version, springend folgt, ist bei Crowley ein Tiger zu sehen, der die Oberschenkel des Grünen Mannes berührt. Ich sage »berührt«, weil nicht eindeutig zu erkennen ist, ob der Tiger den Mann beißt oder den Kopf an ihm reibt. Diese Doppeldeutigkeit ist ein klarer Verweis auf die Episode mit Tieger, I-Ah und dem Fluß in *Pu baut ein Haus.*

Pu, Ferkel, Kaninchen und Ruh spielen gerade Pu-Stöcke, als sie den im Fluß treibenden I-Ah entdecken. Sobald I-Ah wieder am Ufer ist, fragen Kaninchen und Ruh ihn, wie er in den Fluß geraten ist. Auf Ruhs Fragen, ob ihn jemand geschubst hat, erwidert er:

»Ja, und zwar sehr *ungestüm*. Ich stand einfach am Fluß und dachte nach – *denken*, falls
einer von euch weiß, was das bedeutet –, als
ich plötzlich sehr *ungestüm* gestoßen wurde.«

Tiger kommt hinzu und wird von I-Ah beschul-
digt, ihn ungestüm ins Wasser gestoßen zu haben.
Nach einigen Ausflüchten räumt er ein: »Na ja, ich
war irgendwie ungehustet.«
I-Ah ist zwar zunächst empört, doch kurz darauf
gehen Tiger und I-Ah zusammen weg, »weil I-Ah
Tiger sagen wollte, wie man beim Pu-Stöcke-Spielen gewinnt.« Wie Tiger ist auch der Crowleysche
Tiger ein eleganter Hinweis darauf, daß sowohl die
aggressive als auch die freundliche Interpretation
möglich ist.

*Känga: eine Figur mit
zahlreichen Verweisen auf den Tarot*

Im letzten Kapitel haben wir erlebt, wie Winnie-
der-Pu den »ungestümen« und potentiell gefährlichen Tiger mit sanfter Hand bändigt. Am nächsten Morgen beim Frühstück müssen sie feststellen,
daß Tiger entgegen seiner Behauptung, alles zu
mögen, keinen Honig mag. Wenig später stellen sie
fest, daß er auch Ferkels Heicheln und I-Ahs Disteln nicht mag. Also machen sie sich auf zu Känga,

in der Hoffnung, daß sie etwas zum Frühstück für Tieger hat. »... [sie sagten] Känga, was sie wollten, und Känga sagte sehr freundlich: ›Dann sieh doch mal in meinem Schrank nach, lieber Tieger, und such dir aus, was du magst.‹ Denn sie wußte sofort, daß Tieger, auch wenn er größer wirkte, soviel Freundlichkeit wie Ruh brauchte.« Die Güte, mit der sie Tieger im Zaume hält, ist ein unmißverständlicher Hinweis auf eine weitere tarotische Parallele.

Wir wissen, daß Kängas Umgang mit Tieger äußerst erfolgreich war. Wir können davon ausgehen, daß er nicht nur deshalb ständiger und willkommener Gast in Kängas Haus ist, weil er eine Vorliebe für Malzextrakt hat. Känga vertraut ihm ihr geliebtes Ruh an, damit »sie sich einen schönen langen Vormittag im Wald machen«, und zwar als sie sich »ziemlich mütterlich« fühlt.

Kängas gelassene Beherrschung Tiegers spiegelt sich wider in der Königin der Stäbe, die sowohl im Thoth- als auch im Golden-Dawn-Tarot zusammen mit einem Leoparden dargestellt ist. Die weibliche Kontrolle über eine der großen Katzen trägt bei all den Trümpfen die Bezeichnung »Die Kraft« und in der Crowley-Version charakteristischerweise »Die Lust«. Sie zeigen eine Frau, die einen Löwen oder, im Crowley-Tarot, das siebenköpfige Ungeheuer der Apokalypse beherrscht.

Sie alle symbolisieren offensichtlich Kängas Umgang mit Tieger, doch es gibt wichtige Unterschiede. Der Golden-Dawn-Tarot kommt dem Text am nächsten, da die Königin der Stäbe als Frau dargestellt ist, die ihrem Löwen ohne Mühe überlegen ist. Im Marseiller Tarot reißt die Frau auf eindrucksvolle, aber recht brutale Weise das Maul des Löwen auf. Im Waite-Tarot ist die Frau ähnlich, aber weniger gewalttätig dargestellt. Crowleys nackte Frau reitet ihr seltsames Untier mit offenbarer Leichtigkeit, obwohl sie jeden Moment die Balance zu verlieren droht.

An dieser Stelle mögen mir einige Leser vorhalten, daß meine Methode, nach Belieben aus den verschiedenen Tarot-Spielen auszuwählen, intellektuelle Redlichkeit schmerzlich vermissen läßt. Dazu möchte ich anmerken, daß die Welt von Winnie-dem-Pu, dessen grenzenlosem Genie, wie wir in Kapitel zwei festgestellt haben, kein einzelnes Sonnenzeichen gerecht wird, unweigerlich die Grenzen eines jeden Tarot-Spiels übersteigt. Somit ist es meiner Ansicht nach völlig legitim, uns sämtlicher Anhaltspunkte zu bedienen, die wir finden können, natürlich stets vorausgesetzt, daß wir sie nicht im Dienste einer vorgefaßten Auslegung zurechtbiegen.

Mit dieser Antwort wende ich mich auch an jene, die Crowleys Auslegungen als extrem persönlich verwerfen. So viele Verbindungen zwischen dem

Thoth-Tarot und der Welt von Pu können unmöglich bloßer Zufall sein. Worauf sind diese Verbindungen zurückzuführen? Crowley gelangte im Jahre 1912 zu seinen fundamentalen Schlußfolgerungen über den Tarot, also vierzehn Jahre, bevor Milne *Pu der Bär* veröffentlichte. Wie konnte er zu so gründlichen Kenntnissen über die berühmten Pu-Texte gelangen? Er selbst hätte die Frage wahrscheinlich damit beantwortet, daß ihm all das, wie so vieles andere, von seinen Geheimen Meistern offenbart wurde. Von einem Okkultisten würde man wohl kaum eine andere Erklärung erwarten. Natürlich erschien sein Kommentar *Das Buch Thoth* erst 1944, so daß er seine früheren Gedanken möglicherweise durch das Studium von Milnes Werken ergänzt hat. Darüber hinaus steht außer Frage, daß Frieda Harris, die für die »Künstlerische Gestaltung« der Karten des Thoth-Tarot verantwortlich zeichnete, eine kreativere Rolle spielte, als die ge-

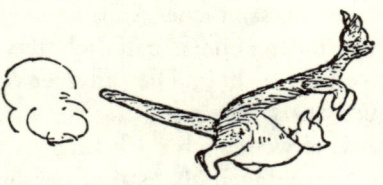

nannte Bezeichnung vermuten läßt. Crowley selbst hat gesagt, sie habe auf ihre eigene Art den wesentlichen Geist des Buches verinnerlicht.

Das Kapitel »In welchem Känga und Klein Ruh in den Wald kommen ...« enthält Ferkels Äußerung, daß »ein Känga im allgemeinen als eins der wilderen Tiere angesehen wird«. Diese Verbindung von Weiblichkeit mit immenser Kraft und Mütterlichkeit verweist auf einen anderen Trumpf beim Tarot: die Herrscherin oder Kaiserin. Sie sitzt stets auf einem Thron, hält die Insignien der kaiserlichen Herrschaft in der Hand und ist häufig unübersehbar schwanger. Diese Verbindung von Macht und Fruchtbarkeit ist ein klares Symbol für Känga im Sinne des Tarot. Einen schwangeren Bauch noch deutlicher als durch Kängas Beutel darzustellen, hätte Milne in einem vorgeblich für Kinder bestimmten Buch in den zwanziger Jahren unseres Jahrhunderts wohl kaum wagen dürfen.

Auffällig ist, welches Vertrauen Känga in ihre eigenen Kräfte hat, als Ruh entführt wird. Ferkel warnt seine Freunde mit den Worten: »... es ist wohlbekannt, daß eins der wilderen Tiere, wenn man es seines Jungen beraubt, so wild wird wie zwei der wilderen Tiere.« Doch als Känga begreift, was passiert ist, wird sie keineswegs wild, sondern weiß nach kurzer Überlegung, daß Ruh kein Haar gekrümmt werden wird. »Also sagte sie sich: ›Wenn

135

die sich mit mir einen Scherz erlauben wollen, werde ich mir mit ihnen einen erlauben.‹« Daraufhin zwingt sie Ferkel Ruhs übliche Zu-Bett-Geh-Prozedur auf; sie badet es – zu dessen großem Unbehagen und Unwillen – und verabreicht ihm Ruhs Medizin, denn es will »doch nicht so klein und schwach werden wie Ferkel«. Ihr Scherz zeugt von der gelassenen Zuversicht einer »Herrscherin«, die sich ihrer Position und des ihr gebührenden Respektes sicher ist.

Wie wir im letzten Absatz des Kapitels erfahren, verbrachte Känga »jeden Dienstag … mit ihrem großen Freund Pu, indem sie ihm Springen beibrachte«. Welche Bedeutung diese Passage hat, erschließt sich uns erst in Kapitel zehn, aber bis dahin können wir diese besondere Freundschaft als Bestätigung für die symbolische Gleichsetzung von Känga mit der Tarot-Herrscherin betrachten.

Ferkel

Ferkels Rolle in der Känga-Ruh-Episode ist zwar nicht ganz so eindrucksvoll, doch welche Bedeutung sie für seine Entwicklung hat, so beispielsweise seine allererste Erwähnung in der »Vorstellung«, werden wir in Kapitel acht analysieren. Hier wollen wir zunächst nur ergründen, wie Ferkel es letztlich zum Schüler Pus bringt, der im Hause seines Lehrers wohnt, der abschließende Höhepunkt eines allmählichen Prozesses.

In einem frühen Kapitel sehen wir Ferkel unter den Helfern, die Winnie-den-Pu aus Kaninchens Vordertür ziehen, wodurch es gleich zu Anfang als Helfer von Pu eingeführt wird. Dieses Verhältnis wird bei seinem zweiten Erscheinen bestätigt, als ihm die Ehre zuteil wird, Pu auf die Wuscheljagd zu begleiten, die nicht ungefährlich ist, denn Pu sagt: »Würde es dir etwas ausmachen, mich zu begleiten, Ferkel, falls sie sich als feindselige Tiere erweisen sollten?« In den beiden Pu-Büchern erleben wir Ferkel ausnahmslos loyal und herzlich, wenn auch mitunter verständnislos.

Im Sinne des Tarot wäre Ferkel, weil es letztlich seine Rolle als Pus *Chela* akzeptiert, entweder mit dem Pagen als Schüler und Anhänger oder mit dem Prinzen als prädestinierter Nachfolger in Verbindung zu bringen. Die Vorstellung, daß Pu je einen Nachfolger haben oder nötig haben würde, ist schwer zu akzeptieren, daher wollen wir uns den Tarot-Pagen genauer ansehen.

Wir stoßen sogleich auf ein Problem. Auf den exoterischen Tarot-Blättern ist zwar ein Page oder der gleichwertige Knappe abgebildet, die esoterischen dagegen zeigen, mit Ausnahme des Waite-Tarot, statt dessen Prinzessinnen. Die einfachste Lösung wäre es, die esoterischen Tarots zu ignorieren und sich auf die exoterischen zu konzentrieren. Doch, so hoffe ich, meine Leser haben mittlerweile gelernt, simplen Lösungen zu mißtrauen. Den einfachen Weg einzuschlagen würde bedeuten, die wesentlichen Verbindungen zur Kabbala außer acht zu lassen. Der Grund, warum Waite uns sein Wissen darum vorenthielt, ist zweifellos der, daß er diese kabbalistischen Verbindungen für zu geheim hielt, um sie der Öffentlichkeit bekanntzumachen. Für das Verständnis der symbolischen Bedeutung von Ferkel sind sie jedoch unverzichtbar.

Bei der Erklärung der Karten besteht im Fall von Ferkel dennoch ein Problem. Können wir es wirklich als Repräsentanten einer Tarot-Prinzessin betrachten? Ich hoffe, den Beweis dafür antreten zu können, daß Ferkel in der Tat die Prinzessin der Kelche repräsentiert. Wir haben bereits genügend Beispiele für geschlechtsübergreifende Identifikationen gesehen, um zu wissen, daß Ferkels Zugehörigkeit zum männlichen Geschlecht, was im englischen Original durch das Pronomen »he« unzweifelhaft zum Ausdruck kommt, es keineswegs als Vertreter einer Prinzessin ausschließt.

Die Prinzessinnen in den esoterischen Tarot-Blättern haben mit den Pagen oder Knappen der exoterischen Tarots eine entscheidende Eigenschaft gemeinsam – sie sind alle im Grunde Helfer. So wird

138

zwar beispielsweise im Kommentar zum Golden-Dawn-Tarot die enorme Macht einer Prinzessin herausgestellt, doch des weiteren heißt es, daß ihre Macht nur durch die anderen existiert. Crowley stellt fest, daß die durch diese Karten beschriebenen Figuren sehr abhängig von anderen sind, doch gleichzeitig für eben diese hilfreich. Könnten wir uns eine bessere Beschreibung von Ferkel vorstellen? Bevor es sich Pu endgültig zur Treue verpflichtet, legt es eine vergleichsweise abhängige Haltung gegenüber Christopher Robin an den Tag. Das ist natürlich nicht alles. Die Prinzessin der Kelche steht für den irdischen Teil des Elementes Wasser. Diese verwirrende Vorstellung wird im neunten Kapitel von *Pu der Bär,* »In welchem Ferkel völlig von Wasser umgeben ist«, eindrucksvoll dramatisiert.

Zunächst findet Ferkel die Überschwemmung eher spannend denn beängstigend. Es bedauert nur, daß es das aufregende Erlebnis mit niemandem teilen kann. Diese typische Abhängigkeit von anderen wird dadurch betont, daß es aufzählt, wie die anderen mit der Überschwemmung umgehen würden. Seine Besorgnis wächst, als das erdhafte Element in ihm von dem steigenden Wasser überwältigt wird. Doch es entwirft einen Plan, den es erfolgreich ausführt – es schreibt »Hilfe« auf einen Zettel, den es als Flaschenpost verschickt; doch wie nicht anders zu erwarten, hängt der Erfolg des Planes von anderen ab.

Alle meine Leser werden jetzt wohl überzeugt sein, daß Ferkel mit der Prinzessin der Kelche gleichzusetzen ist; um eventuell noch bestehende Zweifel auszuräumen, erzählt uns unser Autor in der »Vorstellung« von *Pu der Bär,* daß Christopher Robin »mal einen Schwan hatte (oder der Schwan hatte Christopher Robin; ich weiß nicht mehr, wie das war) und daß er diesen Schwan Pu nannte«. Nun symbolisiert der Schwan aber die Prinzessin der Kelche, die im Golden-Dawn-Tarot einen Umhang aus Federn trägt, die von einem Schwan stammen könnten. Bemerkenswert ist auch, daß die Übertragung des Namens »Pu« von Schwan/Ferkel auf Winnie-*der*-Pu die besondere Beziehung offenbart, die, wie wir jetzt wissen, ein Hauptthema des Pu-Zyklus ist.

Kaninchen

Ich hoffe, meine Leser haben inzwischen genügend Vertrauen zu Interpretationen gefaßt, die auf den ersten Blick vielleicht nicht gänzlich nachvollziehbar erscheinen – natürlich immer vorausgesetzt, daß sie durch eine genauere Untersuchung an Überzeugungskraft gewinnen. Eingedenk dessen wollen wir uns nun »Das Universum« oder »Die

Welt« (einen der Trümpfe) in sechs verschiedenen Tarots ansehen. Alle Darstellungen zeigen eine spärlich verhüllte Frau, die von einem Kreis oder einem Oval umgrenzt ist. Außerhalb dieser Grenze befinden sich in den Ecken von links oben im Uhrzeigersinn: ein Männerkopf, ein Adlerkopf, ein Löwenkopf und ein Ochsenkopf. Woran erinnert uns das in Pus Welt?

Welcher von Pus Freunden hat die meisten und unterschiedlichsten Bekannten und Verwandten? Kaninchen. Was deren Zahl betrifft, so sagt Kaninchen selbst, daß es, wenn es wie Känga seine Familie in der Tasche mit sich herumschleppen würde, achtzehn Taschen bräuchte: eine für sein Taschentuch und siebzehn für seine Familie. Was die Verschiedenartigkeit angeht, so setzt sich der Kreis seiner Bekannten-und-Verwandten aus Mäusen, Käfern, einem Igel, einem Wiesel oder vielleicht einem Hermelin und etlichen nicht genauer zu identifi-

zierenden Insekten zusammen. »... Kaninchen hatte so viele Bekannte-und-Verwandte, daß er [Pu] nicht wußte, ob er Klein auf dem Wipfel einer Eiche oder im Kelch einer Butterblume suchen sollte.«

Die eben zitierte Passage ist der Episode entnommen, in der Kaninchen eine Nachforschung nach dem verschwundenen Klein »organisiert«. Etwas zu »organisieren« oder wie »ein Hauptmann oder Kapitän« zu handeln ist typisch für Kaninchen. Milne unterstreicht Kaninchens Organisationstalent besonders deutlich, indem er es mit so militärisch anmutenden Bezeichnungen wie »Hauptmann oder Kapitän« in Verbindung bringt, also auf Autoritäten verweist, die reine Intelligenz voraussetzen, und zwar auf sehr greifbare und körperliche Weise. Wie die obengenannte Episode zeigt, setzt Kaninchen diese recht prosaische Form der Intelligenz dazu ein, andere zu organisieren. Mit einem Wort, es ist der geborene Verwalter.

Und die Tarot-Karte »Das Universum« ist kabbalistisch gesehen mit dem zweiunddreißigsten sephirotischen Weg verbunden, der im Golden-Dawn-Kommentar als »verwaltende Intelligenz« bezeichnet wird. Diese unabhängige Quelle liefert uns somit den unwiderlegbaren Beweis, der den bereits werkimmanent überzeugenden Beweis bestätigt, daß Kaninchen mit der Universum-Karte des Tarot verbunden ist.

Pu

Aber was, so fragen Sie sicherlich, ist mit Pu selbst? Da wir mühelos ganze Bände mit bedeutsamen und aufschlußreichen Gedanken über Pu und den Tarot füllen könnten, müssen wir auch hier erneut eine Auswahl treffen.

Wir haben bereits einige Male die mystischen Dimensionen der Szene analysiert, in der Pu auf einem Stein in der Mitte eines Baches sitzt und ein Sonnenbad nimmt. Doch der Bedeutungsreichtum dieser Szene ist damit noch lange nicht erschöpfend behandelt. Im Tarot wird die »Sonne« als »konzentrierte Intelligenz« bezeichnet. Die Tierkreiszeichen sind zwar an sich machtvoll, doch sie sind Emanationen der Sonne, die für sie und ihre Einflüsse von zentraler Bedeutung ist, im gleichen Maße, in dem Pu Bär, was Milne wiederholt verdeutlicht, für alle Lebewesen im Wald von zentraler Bedeutung ist. Paradoxerweise, und das ist typisch für okkulte Lehren, ist der »Bär von geringem Verstand« in Wahrheit die konzentrierte Intelligenz« sämtlicher Bewohner des Waldes. Er vertraut uns dieses Geheimnis in seinem BESORGTEN PU-LIED an, als er gesteht: »Also, Pu war ein Bär von enormem Verstand.«

In zwei Episoden von *Pu der Bär* ist die Überlegenheit unseres Helden so auffällig, daß selbst seine unreifsten Gefährten und oberflächlichsten Leser sie erkennen müssen. Ich spreche natürlich von seiner Entdeckung des Nordpols (Kapitel acht) und seiner Errettung Ferkels (Kapitel neun).

Gegen Ende der Suche nach dem Pol zeigt Shepard, wie Pu einen Pfahl über den Bach hält, damit das schwimmende Ruh sich daran festhalten kann. Einige Seiten später sehen wir denselben Pfahl, inzwischen als der gefundene Nordpol bezeichnet, im Boden stecken; daran hängt ein Schild mit der entsprechenden Botschaft:

NOTPOHL
ENDTEGT VOHN
PU
PU had in
gefuhnden

Die Form des Pfahls weist eine auffällige Ähnlichkeit mit dem Stab auf dem As der Stäbe im Waite-Tarot auf und unterscheidet sich nicht wesentlich von der gleichen Karte im Marseiller Tarot. Wir erinnern uns, daß die Asse traditionell im Nordpol des Universums plaziert werden, eines Universums, das sie mit unsichtbarer, häufig unbemerkter, aber unwiderstehlicher Macht beherrschen, so wie Pu seine Welt beherrscht, wodurch er natürlich ein weiteres Mal mit dem Sternbild Ursa Major gleichgesetzt wird.

Bei Pus zweitem, augenfälligstem Triumph, der
Rettung Ferkels vor der Überschwemmung, besteht, wie so häufig bei Pu, das Problem nicht darin,
eine signifikante mystische Verbindung zu finden,
sondern darin, aus der Fülle der Möglichkeiten auszuwählen. Wie immer empfiehlt es sich, uns von
den Worten und Bildern leiten zu lassen, die gemeinsam den Gegenstand unserer Studie bilden.
Zwei Motive dominieren in dem betreffenden Kapitel (neun): Wasser und Töpfe.
Auf dem ersten Bild, das wir in diesem Kapitel sehen, schaut Ferkel aus seiner Wohnung in der Buche,

die völlig von Wasser umgeben ist. Einige Seiten weiter sehen wir Pu auf einem Ast »seines Baumes« sitzen, mit zehn Töpfen Honig neben sich. Wie immer steht der Text in der für die Pu-Offenbarung typischen symbiotischen Beziehung zu den Bildern.

Was für eine Parallele drängt sich uns geradezu auf, wenn wir die Episode »tarotisch« betrachten? Natürlich die zu der Trumpfkarte namens »Der Stern«. Auf allen Versionen dieser Karte ist Wasser dargestellt, und auf allen sind Töpfe zu sehen, mit Ausnahme von Crowleys Version, auf der Kelche abgebildet sind. Ein deutlicherer Hinweis auf die potentielle Gleichsetzung ist wohl kaum vorstellbar. Wie wir später sehen werden, beschreibt die Kabbala den mit dieser Karte verbundenen »Weg« als den Weg der »natürlichen Intelligenz«: genau die natürliche Intelligenz, die Pu mit seinem genialen Einfall demonstriert, daß er sich auf einem leeren Honigtopf zu Christopher Robin treiben läßt und dann mit Christopher Robin in dessen umgedrehten Schirm zu Ferkel segelt. Die Verknüpfungen von Pu mit dem As der Stäbe und dem »Stern« sind bloß zwei der vielen möglichen Gleichsetzungen, und sie beweisen ein weiteres Mal, daß Pu sich nicht auf eine eindimensionale Formel reduzieren läßt.

Bevor wir den Tarot verlassen, sei noch auf die Häufigkeit der Baumsymbolik in diesem Kapitel hingewiesen. Wir haben Ferkels Wohnung im Baum und Pus Ast erwähnt. Auch Christopher Robins Heim befindet sich in einem Baum. So drängt sich uns bei unserem Studium der Weltmysterien unweigerlich der Gedanke an die archetypischen alten Männer der Bäume auf: die Druiden, denen wir uns nun zuwenden.

6
PU UND DIE DRUIDEN

Vorwarnung

Druiden gab es vor mehr als zweitausend Jahren, und noch heute bestehen Druidenorden mitten unter uns. Die Beziehungen zwischen den Druiden alter Zeit und ihren neuzeitlichen Nachfolgern haben einige Kontroversen ausgelöst. Glücklicherweise können wir Ursinologen diese Streitigkeiten außer acht lassen. Der Große Bär transzendiert derlei Probleme. Um so bemerkenswerter, daß er diese Klarsicht bereits in den zwanziger Jahren unseres Jahrhunderts zeigte, lange bevor Ronald Hutton den Stand der Forschung in seinem jüngst erschienenen Werk so bewundernswert zusammenfaßte. Ein weiterer schlagender Beweis für die tiefe Weisheit von Winnie-dem-Pu.

VON MIR SELBST GEZEICHNET. MR. SHEPARD HAT MIR GEHOLFEN

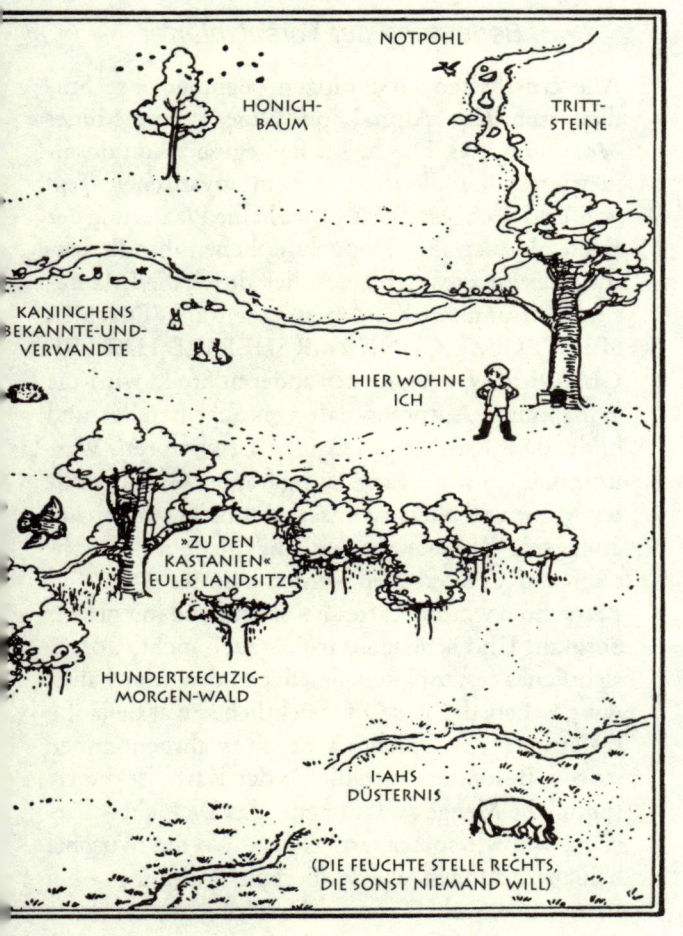

NOTPOHL

HONICH-
BAUM

TRITT-
STEINE

KANINCHENS
BEKANNTE-UND-
VERWANDTE

HIER WOHNE
ICH

»ZU DEN
KASTANIEN«
EULES LANDSITZ

HUNDERTSECHZIG-
MORGEN-WALD

I-AHS
DÜSTERNIS

(DIE FEUCHTE STELLE RECHTS,
DIE SONST NIEMAND WILL)

Bedeutung der Vorsatzblätter

Alle ernsthaften Ursinologen beginnen ihre Studien mit dem Alpha und Omega von Milnes *Magnum Opus.* Das heißt, sie beginnen mit der illustrierten Landkarte, die dem mystischen Text vor- und nachgestellt ist. Sowohl die Plazierung der Karte als auch ihre Doppelung heben ihre Bedeutung hervor, die noch zusätzlich durch die Erläuterung am unteren Rand betont wird: »VON MIR SELBST GEZEICHNET. MR SHEPARD HAT MIR GEHOLFEN.« An keiner anderen Stelle wird die gemeinsame Autorenschaft von Schriftsteller und bildendem Künstler so explizit beschworen. Warum? müssen wir zwangsläufig fragen. Gewiß wollten Milne und Shepard unsere Aufmerksamkeit auf etwas sehr Bedeutsames lenken, von dem sie fürchteten, daß es übersehen werden könnte.

Betrachten wir die Karte also erneut und mit großer Sorgfalt. Und scheuen wir uns auch nicht, Offensichtliches festzuhalten. Wieder und wieder haben wir gesehen, daß das Offensichtliche zwar beiläufig registriert, aber nicht wirklich wahrgenommen wurde. Besonders auffällig an der Karte ist die erstaunliche Menge an Bäumen – das Dickicht – Lärchen, wie wir später feststellen – Wo das Wuschel beinahe gefangen wurde; Ferkels Wohnung – ein Baum; Die Sechs Tannen; der Honichbaum; Hier wohne ich – ein Baum; Eules Landsitz – ein Baum; und der Hundertsechzig-Morgen-Wald.

Selbst eingedenk der weitverbreiteten Blindheit, an die wir uns inzwischen gewöhnt haben, ist es verwunderlich, daß bislang nie jemand die offensichtliche Tatsache bemerkt hat, daß Pus Welt eine druidische Welt ist.

Was für Menschen die Druiden alter Zeit nun genau waren und was genau sie taten, ist umstritten, aber niemand zieht ihre grundlegende Verbundenheit mit Bäumen in Zweifel. Obgleich das *Oxford Dictionary* die Bezeichnung »Druide« von einem keltischen Wort für Zauberer ableitet, vertreten viele Druidenforscher die Auffassung, daß es ursprünglich auf ein Wort zurückgeht, das die Bedeutung »Weiser des Waldes« oder »Eichenseher« hatte. Da es uns hier um die Weltmysterien geht, können wir Daten und Ursprünge mißachten und uns darauf konzentrieren, was die druidische Vorstellungswelt zu ebendiesen Mysterien beitrug. Vor allem müssen wir darauf achten, was Winnie-der-Pu uns dazu zu sagen hat.

Pu und die Bäume

Bei genauer Betrachtung der Milne-Shepard-Karte fällt auf, daß Pu, im Gegensatz zu Ferkel, Eule und Christopher Robin, nicht in einem Baum wohnt.

Die Karte zeigt ihn vor einer herkömmlich ausse-
henden Haustür auf einem Baumstamm sitzend. In
dem Kapitel über die große Flut, mit dem wir uns
bereits beschäftigt haben, erfahren wir, daß er sich
auf einen großen Ast flüchtete, der in manchen
Ausgaben durch ein großes Farbbild genau vor
seine Tür plaziert ist. Welche symbolische und
druidische Bedeutung verbirgt sich dahinter?

Deutlicher als alle Worte vermitteln uns die Bilder,
daß Pu eng mit Bäumen verbunden ist, zugleich jedoch eine gewisse Distanz zu ihnen wahrt. Seine
Position symbolisiert dies in treffender Weise. Er
ist zwar in seiner Welt, geht jedoch nicht gänzlich
in ihr auf. Da wir gleich zu Anfang erfahren, daß er
allein lebt, könnten wir ihn als Einsiedler bezeichnen. Aber wohl niemand ist geselliger als Pu. Obgleich seine Welt schön und befriedigend ist, kann
sie ihm nicht in seiner Gänze gerecht werden. Er
transzendiert sie, so, wie er alles transzendiert.
Keine Kategorisierung oder Beschreibung vermag
ihn völlig zu erfassen.

Ähnlich verhält es sich mit den Bäumen. Pu Bär
lebt nicht in einem Baum, sondern nah bei einem
Baum. Wir haben gesehen, daß ihm dieser Baum
während der Flut als vorübergehender Zuflucht-
sort dient. Dabei handelt es sich zwar um ein Not-
quartier, doch das Bild zeigt, wie Pu mit zehn Honigtöpfen neben sich auf einem kräftigen Ast sitzt.

Es vermittelt unmißverständlich den Eindruck, daß Pu sich auf dem Baum trotz der Überschwemmung und des peitschenden Regens rundherum wohl fühlt. Das heißt, es illustriert die Beziehung zwischen Bär und Baum, die ihn als wahren Druiden ausweist.

Das Problem der Identifizierung
der Bäume in Pus Welt

Das Bild wirft zudem eine interessante Frage auf. Angesichts der Kombination von zehn Honigtöpfen mit einem Baum wird sich jeder Druidenforscher sofort an den keltischen Gott Dagda erinnert fühlen. Dagda war im Besitz des magischen Kessels der Fülle, und er war der Gott der Eiche. Können wir also sagen, daß Pu mit seinen Honigtöpfen hier Dagda und dessen Kessel der Fülle repräsentiert? Von einem vorbehaltlosen »Ja« werden wir durch die Art des Baumes abgehalten. Handelt es sich dabei um eine Eiche? Weder in dieser noch in der früheren Abbildung des Baumes vor Pus Haustür sind Blätter zu sehen. Ast und Stamm erscheinen zu glatt für eine Eiche und deuten eher auf eine Buche hin. Wie läßt sich dieses Rätsel erklären?
Fünf mögliche Lösungen drängen sich auf. Folgen wir Kaninchens Beispiel und listen wir sie methodisch auf. Auf Nummer eins bis vier werde ich

155

sofort eingehen. Nummer fünf möchte ich aus
Gründen, die später verständlich werden, noch etwas zurückstellen.

1. Die Mutmaßung, es liege an dieser Stelle keinerlei symbolische Bedeutung vor, können wir eindeutig als absurd abtun. Damit gingen wir vollkommen am Wesen des hier zur Diskussion
   stehenden Werkes vorbei, in dem alles mehrere
   symbolische Bedeutungen hat.
2. Ebenso absurd ist die Mutmaßung, daß entweder dem Autor oder dem Künstler ein Irrtum
   unterlaufen ist, denn ihr liegt die eklatante Fehl-
   einschätzung eines Textes zugrunde, der ganz
   offensichtlich von den unfehlbaren Inneren
   Welten inspiriert ist.
3. Könnte es sein, daß wir es hier mit einer jener
   »blinden« oder bewußt in die Irre führenden

156

Darstellungen zu tun haben, die einige esoterische Autoren benutzten, um tiefe Wahrheiten vor den Uneingeweihten zu verbergen? Auch diese anfänglich plausibel scheinende Erklärung müssen wir bei weiterem Nachdenken von uns weisen. Es ist leider nur allzu wahr, daß das Pusche Opus bis vor kurzem nahezu gänzlich falsch interpretiert wurde, doch das war stets der Blindheit der Forschung zuzuschreiben, nie einer bewußten Verdunkelung seitens des Autors oder Künstlers.

4. Möglicherweise liegt hier ein Verweis auf die Theorie vor, daß die Achaier, ebenso wie die alten Franken, Buchenorakel befragten, bevor sie Griechenland besiedelten, wo sie dann statt der Buchen, die sie dort vergebens suchten, Eichen für diesen Zweck verwendeten. Der geistreiche, aber nicht immer zuverlässige Robert Graves verwirft diese Theorie, erwähnt jedoch, daß die »Buche« etymologisch mit dem »Buch« verwandt ist und somit für Literatur steht. Es wäre typisch für unseren Autor, seinen eingeweihten Lesern in Erinnerung zu rufen, daß sie ein bedeutendes literarisches Werk studieren, während sich die uneingeweihten in dem törichten Glauben wiegen, sie ergötzten sich lediglich an der Lektüre eines Kindermärchens.

Im Vertrauen darauf, daß die Erklärung irgendwo im Text selbst zu finden ist, gehen wir zurück zu Pus erster überlieferter Begegnung mit einem Baum. Sie ereignet sich in Kapitel eins, »In welchem wir Winnie-dem-Pu und einigen Bienen vorgestellt werden ...«:

> Eines Tages, als er einen Spaziergang machte, kam er an eine freie Stelle inmitten des Waldes, und inmitten dieser Stelle stand eine große Eiche ...

Hier läßt der Text keinerlei Zweifel zu. Der Autor stellt in klaren Worten fest, daß es sich bei dem Baum um eine Eiche handelt. Und doch sind die Blätter in der dazugehörigen Abbildung eindeutig keine Eichenblätter. Damit kommen wir zum fünften Lösungsvorschlag.

5. Vielleicht soll der Baum ja keinen speziellen Baum repräsentieren, sondern eher den »archetypischen Baum«. Diese Lösung ist bislang die bei weitem schlüssigste. Das Archetypische ist in der Welt der uralten Mysterien zu Hause. Zahlreiche versierte Kenner des esoterischen Symbolismus ordnen das empirische Detail der spirituellen Verallgemeinerung unter.

Dennoch zögere ich, diese Erklärung vorbehaltlos zu akzeptieren. Meine Forschungen haben mich gelehrt, daß die Größe von Milne und Shepard ebensosehr in der Detailgenauigkeit wie in der Tiefe der angezeigten Bedeutung liegt.

Zu welchem Schluß müssen wir also gelangen? Ich schlage vor, daß sich jeder von uns diesen symbolischen Bildern, oder Ikonen, wie wir sie durchaus nennen dürfen, in ausgiebiger Meditation annähert. Die tiefsinnigsten Erforscher der Weltmysterien versichern uns, daß eine solche Meditation Wahrheiten offenbaren wird, die auf der begrenzten intellektuellen Ebene des geschriebenen oder gesprochenen Wortes unsagbar sind. Gerne würde ich von denjenigen Lesern Nachricht erhalten, die diesen wahrhaft esoterischen – und druidischen – Weg der Auseinandersetzung einschlagen.

Verlassen wir nun das problematische Thema der Baumspezifizierung und halten fest, daß Pu, während er den von Milne eindeutig als Eiche bezeichneten Baum besteigt, ein kleines Lied sang. Im druidischen Kontext wird dadurch eindeutig eine der Hauptfunktionen des Druiden exemplifiziert: sein Bardentum.

Pu als Barde

Von alters her waren Druiden in drei Hauptgruppen eingeteilt: Barden, Seher und Druiden im engeren Sinne. Der Geograph Strabo schrieb im ersten

Jahrhundert v. Chr.: »Die Barden sind Sänger und Dichter, die Seher sind Wahrsager und Naturphilosophen, während die Druiden nicht nur die Naturphilosophie, sondern auch die Moralphilosophie betreiben.«

Alles in allem beziehen sich diese Benennungen wohl eher auf Verhaltens- und Handlungsweisen und weniger auf säuberlich getrennte Gruppen. Noch deutlicher wird dies, wenn wir uns daran erinnern, daß jeder, der Druide werden wollte, die Stufen des Barden und des Sehers durchlaufen mußte. Pu war, wie nicht anders zu erwarten, in allen drei Funktionen kundig.

Inzwischen wage ich die Behauptung, daß meine Leser nicht erstaunt sein werden, wenn sie erfahren, daß die Gesumme von Pu gemeinhin nicht als Bardenlyrik erkannt worden sind. Es liegt auf der Hand, daß eine vollständige bardische Analyse der Gesumme von Pu einen umfangreich eigenen Band erfordern würde. An dieser Stelle müssen wir uns jedoch mit einigen kurzen Erläuterungen begnügen.

Das oben erwähnte »kleine Lied« wird sowohl durch seine Plazierung als erster ursinianischer Gesang als auch durch seine besondere Beziehung zur Eiche so überaus bedeutsam. Milne schreibt:

Es klang etwa so:
>»Ich frage mich seit Jahr und Tag,
Warum ein Bär den Honig mag.
Summ! Summ! Summ!
Ich frage mich: warum?«

Auf den allerersten flüchtigen Blick fällt auf, daß diese vier kurzen Zeilen ein Fragezeichen und gleich drei Ausrufungszeichen enthalten. (Ein weiterer separater Band könnte der sicherlich äußerst ergiebigen Untersuchung der Milneschen Interpunktion gewidmet werden.) Die Zeichensetzung beschwört hier auf eindrucksvolle Weise das Staunen angesichts der Mysterien der Natur und das Verlangen danach, diese in Frage zu stellen – ehrerbietig, aber tiefgründig. Dabei handelt es sich um typische Haltungen der Druiden, die noch in unserem Jahrhundert eine starke Faszination auf ihre Nachfolger ausüben. Wir können nicht bezweifeln, daß hier eines der zahlreichen Geheimnisse für Pus anhaltende Popularität vorliegt, selbst bei jenen, die sich der tieferen Ursachen dieser Popularität keineswegs bewußt sind.

Dieser erste, rein visuelle Eindruck wird durch den Text kräftig untermauert. Bereits der Auftakt »Ich frage mich« vermittelt Milnes vermeintlich kindlichem Publikum in einfachen Worten die Haltung des philosophischen Staunens, das jedoch nicht im

Staunen verweilt, sondern nach Erklärungen sucht. Das abschließende »Warum« der letzten Zeile bedarf wohl kaum einer weiteren Erläuterung. Ebenso offensichtlich ist die in der zweiten und dritten Zeile wirksame Empathie. Das Lied spricht nicht nur von Bären und Bienen; es durchdringt die Natur dieser beiden Seinsformen. Bei Pu selbst liegt dies auf der Hand, doch das dreifache onomatopoetische »Summ! Summ! Summ!« beschwört das Bienenartige mit genauso großer Eindringlichkeit. Nachdem Pu dergestalt sowohl das Gespür für das Staunen geweckt hat als auch den Drang, die Mysterien der Natur zu erkunden, ruft er, ganz in der Tradition der besten spirituellen Leitfiguren, seinen Schülern warnend in Erinnerung, daß die Suche anstrengend und mitunter gefährlich ist. Während er den Baum besteigt, um zum Honig der Wahrheit zu gelangen, empfindet selbst er Erschöpfung. Sein Beklage-Lied – »Und wenn es dann so wäre (die Bienen wären Bären),/Dann brauchten wir auch nicht so hoch zu steigen« – verdeutlicht die Schwierigkeiten, und sein späterer Sturz ist sinnbildlich für die Gefahren. Pus Fall ist natürlich geplant und kontrolliert, wie die Demonstration einer Judorolle durch einen Träger des Schwarzen Gürtels. Dennoch wird deutlich, daß ein Anfänger in so einer Situation ernstlich gefährdet sein könnte.

Wir beschränken uns an dieser Stelle auf einige we-

nige Erläuterungen zu weiteren Beispielen für Pus
bardische Gesänge. Sein

> Tra-la-la, tra-la-la
> Tra-la-la, tra-la-la

ist vielfach mißverstanden worden, was wirklich
unentschuldbar ist. Milne läßt praktisch nichts un-
versucht, um dessen Bedeutung hervorzuheben.
Kapitel zwei von *Pu der Bär* beginnt wie folgt:
»Eduard Bär, seinen Freunden auch als Winnie-
der-Pu bekannt, oder einfach Pu ...« Milne erinnert
uns also an die bedeutsame Unterscheidung zwischen »Eduard Bär« einerseits, dem Namen und
damit dem Aspekt, der dem uneingeweihten
Durchschnittsmenschen vertraut ist, und andererseits »Winnie-dem-Pu«, dem Namen und somit
dem Aspekt, der den Eingeweihten bekannt ist. Zudem macht er mit der beiläufigen Erwähnung »oder
einfach Pu« deutlich, daß es auch im Kreise der
Eingeweihten unterschiedliche Abstufungen gibt.
»Einfach Pu« impliziert die Vertrautheit derjenigen, die die erste Phase der Initiation bereits hinter
sich gelassen haben.
Aufmerksame Leser werden bemerken, daß »Win-
nie-*der*-Pu« an dieser Stelle keine Erwähnung findet, jener Name, der nur den innersten und höchsten Kreisen vorbehalten bleibt.

Nachdem Milne seine Leser auf die Tatsache aufmerksam gemacht hat, daß sie sich nun im Reich der Esoterik befinden, muß er darauf vertraut haben, daß sie die eindeutig druidische Bedeutung der Feststellung erfassen, daß Pu »durch den *Wald*« (Hervorhebung von mir) ging. Zudem summte er »stolz vor sich hin«. Was könnte stärker mit geheimem Sinn betrachtet sein als ein Bardengesang, auf den Pu erklärtermaßen stolz war?

Um diese Bedeutung noch stärker zu betonen, beschreibt Milne die genauen Umstände, unter denen Pu seine Inspiration empfing.

Er hatte an jenem Morgen ein kleines Gesumm erdacht, während er vor dem Spiegel seine Kraftübung machte: *Tra-la-la, tra-la-la,* und er reckte sich, so hoch er konnte, und dann *Tra-la-la, tra-la – Oh! Hilfe! – la,* als er versuchte, seine Zehen zu erreichen.

Diese Darstellung des poetischen Schaffensprozesses in Verbindung mit köperlicher Ertüchtigung symbolisiert ausdrucksvoll die druidische Vereinigung des Spirituellen mit dem Materiellen. Sollten noch Zweifel bestehen, so überlege man, welche Bedeutung sich dahinter verbirgt, wenn Pu sich reckt, so hoch er kann, und versucht, seine Zehen zu erreichen.

164

Klarer lassen sich sein Griff nach spirituellen Höhen und sein anschließendes Bemühen um Erdverbundenheit wohl kaum symbolisieren. Normalerweise hatte Pu keine Schwierigkeiten, mit beiden Polen der Existenz in Kontakt zu bleiben. Sein hier spürbares Problem ist wohl auf die Gleichzeitigkeit zurückzuführen. Es ist schwierig, just in dem Augenblick innig erdverbunden zu sein, in dem man von höheren Sphären gespeist wird.

Pus größtes Epos

Mein letzter ausführlicher Kommentar zu Pu als Barde bezieht sich, wie meine Leser zweifellos erwartet haben, auf seinen dichterischen Lobgesang auf Ferkels heroische Befreiung von Oile – und Pu selbst. Schon der Titel des achten Kapitels von *Pu baut ein Haus* bereitet uns auf eine überaus edle Heldentat vor: »In welchem Ferkel Etwas Ganz Großes vollbringt.«

Oile will gerade erzählen, was ihrem Onkel Robert an einem stürmischen Tag passiert war, als ein möglicherweise noch stürmischerer Sturm Oiles Baumhaus umweht, so daß die Haustür blockiert ist und sie zusammen mit ihren beiden Gästen, Pu und Ferkel, festsetzt. Als Ferkel die Situation erfaßt, fragt es Oile, wie sie nun hinausgelangen sollen.

»Dasss issst dasss Problem, Ferkel, welchesss in seinem Kopf zzzu bewegen ich Pu freund- lichssst ersuche.«

Man beachte die Bedeutung von Oiles Antwort. Oile steht offensichtlich für den akademischen In- tellekt mit seinen Stärken und vielleicht seinen da- mit verbundenen Beschränktheiten. Es ist mir da- her eine ganz besondere Freude, sowohl auf die Hellsichtigkeit hinzuweisen, mit der Oile die über- legene Weisheit Pus erkennt, als auch auf den Großmut, mit der sie dieser Weisheit Anerkennung zollt. Was für ein leuchtendes Beispiel für alle Aka- demiker! Würden doch auch sie begreifen, daß es Erkenntnisse jenseits ihrer Schulweisheit gibt, und sich gelegentlich von Dichtern und Mystikern be- lehren lassen!
Pu reagiert sofort auf Oiles Bitte. Er erklärt, daß

Ferkel, das, wie wir alle wissen, ein Sehr Kleines Tier ist, zu Oiles nun an der Decke befindlichen Briefkasten hinaufgezogen werden könnte. Dann könnte Ferkel – wiederum, weil es ein Sehr Kleines Tier ist – durch den Briefschlitz krabbeln und Hilfe holen. Pu entwirft diesen genialen Plan ganz im wahren Geist eines Druiden, der seine ihm Anbefohlenen leitet.

So großartig der Plan auch ist, er birgt dennoch eine gewisse Gefahr für Ferkel. Nun gehörte es zu den Aufgaben eines Druiden, vor einer schweren Prüfung zur Tapferkeit zu mahnen und in seiner Funktion als Barde die Heldentaten zu besingen und sie für die Nachwelt zu bewahren. Pu tut beides. Zunächst spricht er dem verständlicherweise etwas nervösen Ferkel Mut zu:

»… wenn du uns alle rettest, wird es Etwas Ganz Großes sein, worüber man später sprechen kann, und vielleicht erfinde ich ein Lied, und die Leute werden sagen: ›Was Ferkel getan hat, war so toll, daß sogar ein Respektvolles Pu-Lied darüber gemacht wurde!‹«

Wir erfahren, daß Ferkel sich danach »viel besser« fühlt. Und es führt seine heroische Rettungstat aus. Zur gegebenen Zeit erfüllt Pu seine Aufgabe als rühmender Barde und trägt Ferkel sein Respekt-

167

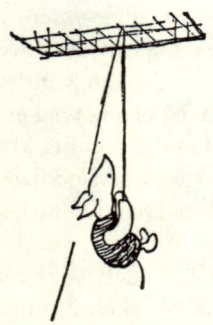

volles-Pu-Lied vor. Mehr noch als dessen dichterische Qualitäten verdienen zwei Punkte besondere Erwähnung. Zunächst einmal die Anzahl der
Strophen:

»Es hat sieben Strophen.«
»Sieben?« sagte Ferkel so unbekümmert wie
möglich.
»Sieben Strophen hat ein Gesumm doch aber
eher selten, oder?«
»Nie«, sagte Pu. »Ich glaube nicht, daß man
je davon gehört hätte.«

Die Sieben ist eine der großen mystischen Zahlen
der Welt. Zudem wird sie dreimal genannt. Die
Drei ist selbstverständlich eine weitere mystische
Zahl. Die dreimalige Nennung der Zahl Sieben be-

schwört eine ganz besondere Macht und bereitet uns auf das zweite esoterische Element in diesem Gesumm vor.
Pu denkt über sein versprochenes Lied nach:

> »Aber es ist nicht leicht«, sagte sich Pu, als er das betrachtete, was einst Eules Haus gewesen war. »Denn ein Gedicht und ein Gesumm sind keine Sachen, die man so einfach packen kann, nein, man wird von ihnen gepackt. Und alles, was man dazu tun kann, ist, dorthin zu gehen, wo sie einen finden können.«
> Er wartete voller Hoffnung … »Tja«, sagte Pu nach langem Warten, »ich fange einfach mit ›Hier liegt Eules Baum‹ an …«

Als er sein Werk vollbracht und das Lied *drei*mal gesungen hat, bemerkt er: »Es ist anders gekommen, als ich dachte, aber es ist gekommen.« Das Pu-Text-Korpus zeigt uns Pu als erfahrenen Barden und Meister vielfältiger metrischer Formen. Doch hier, kurz vor der Erschaffung seines bedeutendsten Epos, tut er kund, daß er der Hilfe mystischerer Kräfte bedarf. Er vermittelt auch, daß diejenigen Kräfte, die zum Gesumm inspirieren, in der entsprechenden Umgebung gesucht werden müssen: »wo sie einen finden können«. In dem druidischen Kontext, mit dem wir uns derzeit

169

beschäftigen, muß ihn das große Respektvolle-
Pu-Lied zwangsläufig in den Bäumen finden. Er
beginnt damit, sich auf die »Stimme« von Oiles
umgestürzter Kastanie einzustimmen. Das liefert
ihm die erste Inspiration: »Hier liegt Eules Baum.«
Und nun, ganz der Muse hingegeben, empfängt
Pu alle sieben komplexen Strophen: ein herausra-
gendes Beispiel für jene für die Druidenkunst
archetypische Verbindung aus streng geschultem
metrischem Handwerk, aus den Bäumen entnom-
mener Inspiration und traditionellem, heldenhaf-
tem Sujet.

Doch damit nicht genug. Welches ist der erwählte
Ort für Pu den Barden, an dem er Ferkel, seinem
Heroen, das fertige Epos vortragen kann? Natür-
lich der Hundertsechzig-Morgen-Wald!

Pu als Seher

Wie zuvor erwähnt, waren Druiden auch Wahrsager und Naturphilosophen. Wir haben Pu bereits
als Wahrsager oder Auffinder verlorener beziehungsweise verborgener Dinge kennengelernt,
I-Ahs Schwanz beispielsweise oder den Heimweg,
nachdem sie Kaninchen im Nebel verloren haben.
Und natürlich ist es Pu, der den Nordpol entdeckt.
Diese Beispiele sind derart offensichtlich, daß
selbst oberflächliche Leser nicht umhin können,

die nackten Fakten zu registrieren, wohingegen die feinfühligeren unter ihnen auch deren Bedeutung erfassen werden. Ich wende mich daher nun der Analyse eines schwierigeren und weniger eindeutigen Beispiels zu, das allem Anschein nach bislang übersehen wurde. Die Rede ist von der Suche nach Klein.

Kaninchen bittet Pu, sich der Suche nach Klein anzuschließen, einem von Kaninchens Bekannten-und-Verwandten, der vermißt wird. Pu ist einverstanden und verabschiedet sich zärtlich von seinen Honigtöpfen, die er gerade zählte. Wir erkennen augenblicklich seine aktive Hilfsbereitschaft. Mit der Haltung eines echten Druiden stellt er seine persönlichen Interessen zurück, um sich dem Wohle der Gemeinschaft zu widmen.

Sobald Kaninchen verschwunden war, fiel Pu wieder ein, daß er vergessen hatte zu fragen, wer Klein war, und ob er die Art von Bekannter-und-Verwandter war, die sich bei einem auf der Nase niederläßt, oder die Sorte, auf die man aus Versehen drauftritt...

Um seiner Aufgabe gerecht zu werden, entwirft er eine Systematik: WIE MAN SACHEN SUCHT. REIHENFOLGE.

1. Spezielle Stelle. *(Um Ferkel zu finden.)*
2. Ferkel. *(Um herauszufinden, wer Klein ist.)*
3. Klein. *(Um Klein zu finden.)*
4. Kaninchen. *(Um ihm zu sagen, daß ich Klein gefunden habe.)*
5. Noch mal Klein. *(Um ihm zu sagen, daß ich Kaninchen gefunden habe.)*

Dann, »denn Pu war so damit beschäftigt, nicht darauf zu achten, wohin er ging, daß er auf ein Stück Wald trat, das aus Versehen ausgelassen worden war ...«, fällt er in eine Grube und landet auf Ferkel. Nach einer Unterhaltung, die für unsere derzeitige Analyse ohne Belang ist, sieht Ferkel, wie Klein – ein Sehr Kleiner Käfer – Pus Rücken hinaufklettert. Die Suche hat ihr Ende gefunden.
Ich bin sicher, daß Leser, die mir bis hierher folgen konnten, nicht einen Moment lang glauben werden, daß Pu in dieser Episode als ein begriffsstutziger, geistesabwesender Tölpel gezeichnet wird, der rein zufällig über das Gesuchte stolpert. Es mag jedoch sein, daß sie sich dieser Wahrheit nur durch einen reinen Glaubensakt annähern können und nicht durch logisches Folgern aufgrund konkreter Beweise. Ich möchte daher die Beweise vorstellen und die zwangsläufige logische Schlußfolgerung daraus ziehen.

Eines der immer wiederkehrenden Themen des vorliegenden Bandes ist die Überlegenheit der intuitiv gewonnenen Weisheit über vordergründige Rationalität. An dieser Stelle könnten daher einige Leser meinen, in meiner Argumentation ein Paradoxon, wenn nicht gar einen Widerspruch entdeckt zu haben. Sie werden sich fragen, wie ich die Überlegenheit der Intuition beschwören kann, wo ich doch eben versprochen habe, meine Interpretation des Textes durch so rationalistische Mittel wie konkrete Beweise und logisches Folgern zu belegen.

Die Erklärung liegt, wie so oft, in dem Verweis auf unterschiedliche Ebenen. Auf der entsprechenden Ebene – der des Alltagslebens – nehmen konkrete Beweise und stringente Logik durchaus den ihnen gebührenden Platz ein, einen im übrigen äußerst wertvollen Platz. Auf ebendieser rationalen Ebene interpretiere ich jetzt den Text. Und was könnte lohnender sein? Der Text weist eindeutig darauf hin, daß der »Weg« existiert. Ich mache nur darauf aufmerksam, daß er das tut. Den Weg zu beschreiten ist Entscheidungs- und Erfahrungssache. Der Unterschied ist zwar größer, aber durchaus mit dem Unterschied vergleichbar, der zwischen dem intellektuellen Akt besteht, eine Route auf der Landkarte nachzuvollziehen, und dem Erfahrungsakt, diese Route selbst zu bereisen. Nachdem meine Kritiker, so hoffe ich, beruhigt sind, wende ich mich nun erneut der Textauslegung zu.

Während der gesamten Suche nach Klein müssen wir uns Pus Haltung als wohlmeinend distanziert denken. Kaninchens bürokratisches Organisieren, dem sich alle unterwerfen, betrachtet er nachsichtig, aber mit einem leisen, geheimen Lächeln. Falls wir in dieser Hinsicht irgendwelche Zweifel hegen, so werden diese durch zwei Belege augenblicklich ausgeräumt. Pu stellt fest, daß er zunächst an der Speziellen Stelle nach Ferkel suchen muß. »Ich frage mich, wo die ist.«

Wenn es aber etwas gab, womit Druiden sich gründlich auskannten, dann war es die Lage und das Wesen von Speziellen Stellen. Pu muß sich in Wirklichkeit gefragt haben, ob eine von Kaninchen organisierte Spezielle Stelle tatsächlich eine solche war. Zweitens, seine Systematik WIE MAN SACHEN SUCHT. REIHENFOLGE ist ganz eindeutig eine Parodie auf Kaninchens PLAN ZUR ENTFÜHRUNG VON KLEIN RUH. Dieser bestand, wie alle Ursinologen wissen, aus elf numerierten Absätzen, von denen die ersten lauteten:

1. *Allgemeine Bemerkungen.* Känga läuft schneller als wir alle, sogar schneller als ich.

2. *Weitere allgemeine Bemerkungen.* Känga läßt Klein Ruh nie aus den Augen, außer wenn es sicher in ihre Tasche eingeknöpft ist.
3. *Deshalb.* Wenn wir Klein Ruh entführen wollen, brauchen wir Vorsprung, weil Känga schneller läuft als wir alle, sogar schneller als ich. (*Siehe* 1).

Niemand, der sich daran erinnert, kann in Pus Liste etwas anderes sehen als einen kleinen Scherz. Wir waren von Anfang an sicher, daß Ferkel nicht zufällig bei der Suche nach Klein eine so wichtige Rolle spielt. Unsere Annahme findet reichlich Bestätigung, als gerade Ferkel Klein auf Pus Rücken entdeckt und identifiziert. Ich denke, wir können davon ausgehen, daß Pu zu diesem Zeitpunkt Ferkel schon insgeheim als seinen zukünftigen Schüler auserwählt hat. Es käme sicherlich einer Überstrapazierung des Zufallsprinzips gleich, wenn wir annähmen, der pure Zufall habe zunächst Ferkel und dann Pu in ebendie Grube stürzen lassen, in der Klein gefunden werden sollte.
Das Auffinden von gesuchten Menschen, Dingen und Wegen ist nur eine der Formen, in der Pu Bär als Druide seine Funktion ausübt, der Gemeinschaft der Freunde zu helfen. Zweifelsohne könnte jeder von uns ähnliche Begebenheiten aufzählen,

175

doch deren reine Zusammenstellung geht am Kern der Sache vorbei. Es handelt sich stets um simple Beispiele für die Wirkungsweisen einer zentralen Führungskraft. Diese Kraft wird, entsprechend der solaren Tradition des Druidentums, durch Pus enges Verhältnis zur Sonne symbolisiert. So, wie die Sonne unserer Welt Licht, Wärme und Leben spendet, so auch Winnie-*der*-Pu – nur sein vollständiger mystischer Name ist hier angemessen –, der Pus Welt erhellt, wärmt und mit Leben erfüllt.

Pu als Naturphilosoph

Die Suche nach Klein zeigt uns auch, wie Pu seine dritte Funktion als Druide ausübt, nämlich die des Naturphilosophen.
Bei Pus Sturz in die Grube ist bemerkenswert, mit welch wissenschaftlicher Neugier er seine eigenen körperlichen Reaktionen während dieses erschreckenden und potentiell gefährlichen Erlebnisses beobachtet.

> Ich fliege. Genau wie Eule. Ich wüßte gern, wie man damit aufhört – als er auch schon damit aufhörte.

Durch die Quiekgeräusche des noch unbemerkten Ferkels verwirrt:

Das ist komisch, dachte Pu. Ich habe »Au!«
gesagt, ohne »Au!« gesagt zu haben.
»Hilfe!« sagte eine kleine, hohe Stimme.
Das bin ich schon wieder, dachte Pu. Ich
hatte einen Unfall und bin in einen Brunnen
gefallen, und jetzt quiekt meine Stimme nur
noch und geht los, bevor *ich* soweit bin, weil
ich mir innerlich was angetan habe.

Wenig später konstatiert er: »Pu Bär hatte einen
schweren Unfall.« Noch immer bleibt er ganz ru-
hig. In der wissenschaftlichen Betätigung der Druiden spielte die Medizin eine große Rolle, und so ist
es nicht verwunderlich, daß Pu seine eigenen Sym-
ptome mit der wissenschaftlichen Distanz eines
medizinischen Experimentators beobachtet.

Die großen Festtage
des Druidenkalenders

Ein Großteil der Veröffentlichungen zu diesen
Festtagen ist im höchsten Maße spekulativ. Tatsächlich gibt es nur wenige Belege für vorchristli-
che Rituale auf den britischen Inseln. Da Pu die
herkömmlichen Grenzen von Zeit und Raum
transzendiert, halte ich es für vertretbar, für dieses
Kapitel sämtliche druidischen Quellen heranzuzie-

177

hen, die alten ebenso wie die neuzeitlichen, die britischen, irischen und die kontinentaleuropäischen. In besonderem Maße gilt dies für die Festtage, die bei modernen Druiden als die großen Sonnenfeste gelten: Sommer- und Wintersonnenwende sowie die Tagundnachtgleichen im Frühjahr und im Herbst.

Pus enge Verbundenheit mit der Sonne wurde bereits ausführlich behandelt. Ebenso offensichtlich ist, daß er die Wintersonnenwende mit einem »guten Gesumm, einem Gesumm voller Hoffnung, zum Vorsummen« feiert. Er verdeutlicht seine Freude an diesem Fest, indem er das Gesumm vor Ferkel wiederholt, während sie das Ritual eines gemeinsamen Schneespaziergangs vollziehen. Er erklärt dem wenig begeisterten Ferkel, daß es sich um ein spezielles Lied handelt, »das man im Freien und im Schnee singen muß«. Es ist nur natürlich, daß Pu besondere Freude an der Wintersonnenwende hat, da diese traditionell nachts gefeiert wurde, vor allem im Sternenlicht des Großen Bären.

Eines Morgens, als Pu Ferkel besucht, sieht er es graben und erkundigt sich, was es da tue. »Ich pflanze eine Heichel, Pu, damit sie zu einem Heichelbaum heranwachsen kann ...«

Ganz offensichtlich handelt es sich dabei um eine typische Frühjahrsaktivität, die einen deutlichen Bezug zum Frühlingsäquinoktium herstellt. Man beachte, daß Ferkel ausgerechnet eine Eiche heranzüchten möchte. Nach diesen beiden kurzen Verweisen behandelt der Text das Herbstäquinoktium wesentlich ausführlicher.

Eines Tages, als Pu auf dem Weg zu dieser Brücke war, versuchte er, ein kleines Stück Dichtung über Tannenzapfen zu erfinden, denn da waren sie, links und rechts von ihm, und er hatte so ein singeriges Gefühl. Also hob er einen Tannenzapfen auf und sah ihn an und sagte sich: »Dies ist ein sehr guter Tannenzapfen, und eigentlich sollte sich etwas auf ihn reimen.« Aber ihm fiel nichts ein. Und dann kam ihm plötzlich dies in den Kopf:
»Geheimnisvolle, rätselhafte Tanne:
Eule sagt, es ist *ihre* Tanne,
Und Känga sagt, es ist *ihre* Tanne.
Ach, wär sie doch eine *Pla*tanne.«
»Was keinen Sinn ergibt«, sagte Pu, »denn Känga wohnt gar nicht auf einem Baum.«

Diese kurze Passage ist so gespickt mit druidischen Sinnbezügen, daß ihre Analyse länger ausfallen wird als das Zitat. Tannenzapfen sind derart charakteristisch für den Herbst, daß ich wohl nicht ausführlicher auf den Bezug zu dieser Jahreszeit

eingehen muß. Die Passage betont auch ihr über-
reiches Vorkommen: »da waren sie, links und
rechts von ihm«. »Du Zeit der Zapfen und des mil-
den Früchtefalls«, wie Keats es so treffend formu-
lierte. In tiefem Einklang mit der Natur – ein weiteres Charakteristikum des Druiden – verspürt Pu,
wie die dichterische Inspiration in ihm keimt: »er
hatte so ein singeriges Gefühl … Aber ihm fiel
nichts ein. Und dann kam ihm plötzlich dies in den
Kopf.«

Die erste Zeile, die ihm in den Kopf kommt, ist eine Apostrophe der »geheimnisvollen, rätselhaften
Tanne« – der Baum als Repräsentant des schöpferischen Mysteriums, das er verkörpert. Die nächsten
beiden Zeilen tragen der Tatsache Rechnung, daß
so unterschiedliche Wesen wie Eule und Känga an
der universalen Schöpferkraft teilhaben, die Pu be-
singt. Sein vermeintlich beiläufiger Kommentar,
daß Känga ja gar nicht auf einem Baum wohnt,
nimmt einen profanen Einwand vorweg und macht
deutlich, daß die Tanne Eule und Känga nicht im
wortwörtlichen Sinne gehört, sondern in einem tieferen Sinne, demzufolge alle an dem Anteil haben,
was Shakespeare die »große schaffende Natur«
[Wintermärchen IV, 4] nennt.

Ganz nebenbei sei bemerkt, daß Pu nicht nur das
Herbstäquinoktium feiert, indem er die Tanne be-
singt, sondern daß er noch dazu ein Produkt eben-

dieses Baumes, nämlich den Tannenzapfen, dazu benutzen wird, um das Spiel Pu-Stöcke zu initiieren, ein interessanter Ersatz für die Schafgarbenstengel, mit denen beim I-Ging östlichen Weisheiten nachgespürt wird, und ein weiteres Beispiel für sein universales Genie.

Diese Druidenfeste lassen deutlich die enge Verbundenheit des Druiden mit der Natur erkennen, wie sie überaus feinsinnig von Pu bei dem Versuch, Tieger gestüm zu machen, an den Tag gelegt wird. Als Kaninchen seinen diesbezüglichen Plan vorträgt, ist es »... ein schöner Sommernachmittag, und der Wald war voller freundlicher Geräusche, die alle zu Pu zu sagen schienen: ›Hör nicht auf das, was Kaninchen sagt; hör lieber mir zu.‹ Deshalb setzte er sich so zurecht, daß er Kaninchen ganz bequem nicht zuhören konnte ...«

Während der gesamten Episode behält Pu diese distanziert neutrale Haltung bei. Er begleitet seine

Freunde zwar auf die Gestümisierungsexpedition, wird jedoch selbst, was für ihn ungewöhnlich ist, nicht aktiv. Warum? Weil er das Scheitern von Kaninchens Plan vorhersieht? Gewiß tut er das, aber noch bedeutsamer ist, daß er Tiegers ureigene Natur respektiert und nicht möchte, daß er gegen diese Natur zahm gemacht wird. Diese Haltung deckt sich offensichtlich mit der Milnes, der Tieger später mit folgenden Worten beschreibt: »... einen Tieger, der, wenn er überhaupt umhersprang, mit haargenau jener Anmut umhersprang, mit der Tieger umherspringen sollten.«

Die druidische Bedeutung von »Pus Verstand«

Natürlich begegnen wir bei der Lektüre des Pu-Zyklus einem Pu, der bereits die höchsten Weihen des Druidentums empfangen hat, aber er ruft uns die schwierigsten Prüfungen in Erinnerung, die er auf dem Weg dorthin zu absolvieren hatte. Selbst diejenigen, die nichts von der druidischen Überlieferung wissen, überkommt das ahnungsvolle Gefühl einer tieferen Bedeutung, wenn sie die Passage lesen, in der Pu den Regenschirm von Christopher Robin umfunktioniert und die beiden gemeinsam lossegeln, um das vom Wasser eingeschlossene Ferkel zu retten.

Die beiden zeichnerischen Darstellungen des Gefährts sind sogar noch sinnträchtiger als die verbalen. Wie könnten wir die Passage lesen und jene Bilder betrachten, ohne unwillkürlich an das *Coracle* zu denken, das kreisrunde Boot der alten Kelten? Ebenso unvermeidlich, zumindest im Kontext unseres derzeitigen Themas, erinnern wir uns an den walisischen Hofbarden Taliesin, der beschreibt, daß es für diejenigen, welche in die höchsten Mysterien eingeführt werden wollten, die schwerste Prüfung war, in einem offenen Boot auf dem Meer ausgesetzt zu werden. Wahrlich, Christopher Robin war erleuchtet, als er die Worte sprach: »Ich werde dieses Schiff *Pus Verstand* nennen.«

Im Verlauf dieses Kapitels haben wir Pu als einen Druiden der höchsten Stufe kennengelernt: Er zeigt der Gemeinschaft des Waldes aktiv seine Hilfsbereitschaft, setzt seine hellseherischen Fähig-

keiten zum Wohle der Freunde ein, demonstriert, daß dem vermeintlichen Zufall ein höherer Zweck zugrunde liegt, und kümmert sich in besonderem Maße um die Ausbildung seines auserwählten Schülers Ferkel.

Eingedenk dessen müssen wir davon ausgehen, daß William Blake auch an Winnie-den-Pu dachte, als er schrieb:

> Lauschet des Barden Gesang,
> Der siehet was war, was wird sein
> Der einst gehört das heilige Wort
> Das erklang im heiligen Hain.

PU UND DIE ARTUSLEGENDE

Christopher Robin als König Artus

Bislang hat Christopher Robin in unserer Untersuchung keine sonderlich eindrucksvolle Rolle gespielt. Liebenswürdig, ehrenwert und ritterlich, all das ist er zweifellos, doch seine wiederholt an den Tag gelegte Unfähigkeit, die tiefe Weisheit von Winnie-dem-Pu zu erkennen, zeigt die Grenzen seiner Persönlichkeit, und zwar sowohl spirituell als auch intellektuell. Ich freue mich daher, ankündigen zu dürfen, daß er im folgenden Kapitel zu seinem Recht kommt. Wie wir sehen werden, steht Pu im Kontext der Artuslegende für Merlin. Wenn nun aber Pu Merlin ist, wer ist dann Artus? Die Antwort darauf kann nur lauten: Christopher Robin.

Natürlich wird gerade durch die Begrenztheit Christopher Robins die Analogie zwischen ihm und Artus erhärtet. Auch Artus war ehrenwert, ritterlich und wohlmeinend. Sein Urteilsvermögen war dagegen oft getrübt. Bei vielen Gelegenheiten bewahrte ihn nur Merlins Rat vor einer Katastrophe. Christopher Robin demonstriert seine Artus-Rolle unmißverständlich, wenn er die »Expotition zum Nordpol« veranlaßt. Er veranlaßt sie nicht nur, er leitet sie auch persönlich. Dadurch verknüpft er die frühen Artusgeschichten mit den späteren. Die ersten Erzählungen berichten nämlich davon, wie Artus seine Mannen im Felde anführt, während wir aus den späteren erfahren, daß er seine Ritter hinaus in die Welt schickt, während er am Hof verweilte. Ein weiteres erstaunliches Merkmal der Artus-Rolle von Christopher Robin stellen wir bei seinen Vorbereitungen für die Nordpol-Expedition fest. Pu besucht ihn an jenem Morgen und:

> Christopher Robin saß vor seiner Tür und zog sich gerade die großen Stiefel an. Sobald Pu die Stiefel sah, wußte er, daß ein Abenteuer passieren würde ...

Die großen Stiefel stehen natürlich für die Rüstung, die der König anlegte, bevor er zu einem seiner Abenteuer aufbrach. Vielleicht erinnern sie uns auch an die Siebenmeilenstiefel aus anderen Erzählungen und verweisen dann auf sein Pferd. Auffällig ist, daß Christopher Robin Pus Hilfe benötigt, um seine Stiefel anzuziehen. Somit verbindet Pu die exoterische und vergleichsweise demütige Funktion des Knappen mit der esoterischen, mächtigen Rolle Merlins, der Artus' Erfolge schließlich erst möglich machte.

Während der gesamten Expotition behält Christopher Robin die Rolle des guten Feldherren bei. Er braucht keinen Napoleon, der ihn lehrt, daß eine Armee mit ihrem Magen marschiert. Nein, er erklärt Pu: »Und wir müssen alle Proviant mitbringen.« Er ist zugleich vorsichtig – »Wir kommen gerade an eine gefährliche Stelle.« – und kühn – furchtlos führt er sie hindurch. Er beweist auch, daß ihm das Wohlergehen seiner Leute am Herzen liegt. Nach überstandener Gefahr »kamen sie an eine Stelle, auf der die Uferstreifen zu beiden Seiten breiter wurden, und etwas Gras gab es dort auch, so daß sie sich setzen und ausruhen konnten«.

Dann:

»Ich glaube«, sagte Christopher Robin, »wir sollten jetzt unseren Proviant aufessen, damit wir nicht soviel zu tragen haben.«

Schließlich, als sie den Nordpol erreichen und Pu ihn entdeckt, zeigt Christopher Robin eine wahrhaft königliche Großzügigkeit, indem er die Leistung des Entdeckers anerkennt und belohnt. Natürlich können sich diejenigen unter uns, die um Pus wahre Natur wissen, eines gewissen Amüsements nicht erwehren, wenn der liebenswerte, aber beschränkte Christopher Robin gegenüber dem Bären von enormem Verstand die Pose wohlmeinender Überlegenheit einnimmt. Wir müssen jedoch davon ausgehen, daß er nach bestem Wissen und Gewissen handelt.

Vieles deutet darauf hin, daß Christopher Robin nach Ansicht der anderen Waldbewohner seine ihm gemäße königliche Aufgabe als gütiger Beschützer erfüllt, an den sie sich hilfesuchend wenden können. Bereits in Kapitel zwei von *Pu der Bär* sagt Kaninchen, in dessen Haustür Pu steckengeblieben ist: »Dann werde ich mich mal auf den Weg machen und Christopher Robin holen.« Als Ruh entführt worden ist, beruhigt sich Känga sogleich wieder, »... denn sie war sicher, daß Christopher Robin nie zugelassen hätte, daß Ruh etwas Böses geschähe.« Selbst in seinen furchtsamsten Augenblicken hat

Ferkel »keine Angst, wenn Christopher Robin dabei war«. Ferkels Heldenverehrung in bezug auf Christopher Robin erhellt auch eine bedeutsame Passage, in der Christopher Robin ausführlich mit Artus gleichgesetzt wird. Er zeigt das Artus-Verhalten, als er Tieger und Ruh aus dem Baum retten will, auf dem sie durch Tiegers Unbesonnenheit festsitzen, und verkündet seinen Plan.

»Ich werde meinen großen Kittel ausziehen, und jeder von uns hält ihn an einer Ecke fest, und dann können Ruh und Tieger hineinspringen, und das wird dann ein ganz sanfter und federnder Aufprall, und niemand kommt zu Schaden.« ...
Aber Ferkel hörte nicht zu; es war schier außer sich, als es daran dachte, daß es Christopher Robins blaue Hosenträger wiedersehen würde. Es hatte sie bisher nur einmal gesehen, als es noch sehr viel jünger gewesen war, und weil es sich bei ihrem Anblick ein bißchen zu sehr aufgeregt hatte, mußte es eine halbe Stunde früher ins Bett als üblich; und seitdem hatte es sich immer wieder gefragt, ob sie wohl *wirklich* so blau und so anregend und so hosentragend waren, wie es sie in Erinnerung hatte.

Die ganz besondere Betonung der blauen Farbe von Christopher Robins Hosenträgern deutet unmißverständlich auf etwas überaus Bedeutsames hin. Im Kontext der Artuslegende kann es sich wohl nur um das blaue Samtband des Hosenbandordens handeln, der bewußten mittelalterlichen Wiederbelebung der Tafelrunde. Als König Eduard III. den Hosenbandorden im Jahre 1348 stiftete, geschah dies in der erklärten, ja, per Eid bekräftigten Absicht, in die Fußstapfen von König Artus zu treten und eine Tafelrunde für seine eigenen Ritter zu gründen.

Die Tafelrunde

Alles gut und schön, mögen manche Leser denken, aber was ist mit der eigentlichen Tafelrunde? Zweifelsohne ist sie ein wesentlicher Bestandteil der Artuslegende, und doch erscheint sie in keiner der Shepardschen Darstellungen. Die größte Annäherung an eines der großen Feste der Tafelrunde ist die Party, mit der Christopher Robin Ferkels Rettung durch Pu während der großen Flut feiert. Jedoch, wenn wir das Bild betrachten, müssen wir feststellen, daß die Tafel eine unverkennbar rechteckige Form hat. Wie läßt sich dies erklären?

Man könnte versucht sein zu erwidern, daß Shepards Tische, wie einige seiner übrigen Illustrationen, symbolisch gedeutet werden müssen. Im großen und ganzen ist dies zweifellos richtig, aber das Argument scheint doch allzu wohlfeil. Treffende Symbole stehen stets in einem kreativen Zusammenhang mit dem jeweils Symbolisierten. Wir müssen also etwas Besseres ins Feld führen als lediglich den vagen Verweis auf ein nur wenig einleuchtendes Symbol. Wer von uns die *Transzendentale Magie* von Eliphas Lévi kennt, muß nicht lange suchen. Lévi zitiert aus einer hebräischen Handschrift aus dem sechzehnten Jahrhundert, derzufolge ein vollendeter Magus zur Quadratur des Kreises fähig ist. Damit wird deutlich, daß die so irritierend eckigen Tische nichts anderes sind als Beispiele für diese anerkannte magische Kraft.

Pu als Merlin

Ich bin sicher, daß meine Leser Winnie-den-Pu intuitiv als die Verkörperung des Merlin aus der Artuslegende erkannt haben, noch bevor ich dieses Faktum erwähnte. Gleich von Anfang an legt Milne besonderen Wert darauf, uns auf diese Identität aufmerksam zu machen. Lange bevor er diesbezüglich Klarheit herstellt, liefert er mehrere Hinweise, deren volle Bedeutung später offenbar wird. Die Vielfalt der Namen – Eduard Bär, Winnie-*der*-Pu,

Pu, Pu Bär – stellt eine genaue Entsprechung zu dem Umstand dar, daß Merlin in den ältesten Quellen Lailoken oder Laloecen oder Lallogan und dann Myrrdin genannt wird.

Bereits in Kapitel zwei von *Pu der Bär* lesen wir über Pu: »Er ... ging froh vor sich hin und fragte sich, was wohl alle anderen machten und was das wohl für ein Gefühl wäre, ein anderer zu sein ...« Isoliert betrachtet könnten wir darin einfach ein weiteres Beispiel für Pus Vielseitigkeit als Denker sehen. Im Kontext der Merlin-Figur jedoch liegt hier ein Verweis auf Merlins magische Kräfte als Meister der Verwandlung vor: ein Formwandler, technisch ausgedrückt. Diese Kräfte werden im Artuszyklus häufig erwähnt. Zum Beispiel, als er das Geheimnis um Artus' Geburt erstmals lüftet, glaubt Artus ihm nicht, weil Merlin wie ein Vierzehnjähriger aussieht.

Erstaunlicherweise ist sich ausgerechnet Kaninchen der Formwandlung am meisten bewußt. Es versucht sich sogar selbst darin. Als Pu Kaninchen in Kapitel zwei von *Pu der Bär* besucht, bestreitet es zunächst, daß jemand zu Hause ist. Und als Pu fragt:

»Hallo, Kaninchen, bist du das nicht?«
»Nein«, sagte Kaninchen, diesmal mit einer anderen Stimme.

»Aber ist das nicht Kaninchens Stimme?«
»Ich *glaube* nicht«, sagte Kaninchen. »Jedenfalls *soll* sie es nicht sein.«

Dann, als Pu erklärt: »Aber das bin *ich* doch!«, fragt
Kaninchen: »Welche Sorte von Ich?« Dieser ansonsten eher rätselhafte Dialog wird klarer, sobald wir
sehen, daß Kaninchen sich an etwas versucht hat,
das wir verbale Formwandlung nennen können.
Sein Versuch war nur teilweise von Erfolg gekrönt,
was dadurch bewiesen wird, daß Pu Kaninchens
Stimme erkennt. Und schließlich impliziert Kaninchens Frage – welche Sorte von Ich ist da? – das
Wissen um Pus formwandlerische Fähigkeiten.
Die Umstände der Geburt sowohl von Merlin als
auch von Artus waren überaus ungewöhnlich, und
Pu und Ferkel zeigen sehr viel Taktgefühl, indem
sie die Eingeweihten darauf hinweisen und zugleich alles vermeiden, was für ein Kind in den
zwanziger Jahren unseres Jahrhunderts unziemlich
gewesen wäre. Als Ferkel von seinem Großvater
Betreten V erzählt, fragt Pu sich, wie ein Großvater
wohl ist. Dieses Fehlen einer üblichen Abstam-
mung ist für Milne im Rahmen eines Kinderbuchs
die größtmögliche Annäherung an die Darstellung
in Geoffrey of Monmouths mittelalterlichem Best-
seller *Historia Regum Britanniae*, derzufolge Merlin von einem Inkubus (einem sexuell potenten

197

Dämon) gezeugt worden war, der einer Nonne beigewohnt hatte.

Mit Hilfe des Beichtvaters der Mutter kann dem teuflischen Vater Merlins entgegengewirkt werden, so daß seine übernatürlichen Kräfte im Dienst des Guten stehen. Natürlicher- und berechtigterweise repräsentiert Pu ausschließlich diese Seite der Merlin-Gestalt.

Dieselben Konventionen eines Kinderbuchs verhinderten jedweden Verweis auf die Zeugung Artus', die Merlin initiierte, indem er Artus' Vorgänger, König Uther Pendragon, als Gorlois, den Herzog von Cornwall, verkleidete, damit er mit dessen Frau Ygerne auf Burg Tintagel das Bett teilen konnte. Als Gorlois in der Schlacht getötet wurde, nahm Uther Ygerne zur Frau. Artus, der aus dieser Vereinigung hervorging, wurde von Merlin an einen Ziehvater, Sir Ector, übergeben. Später sorgte Merlin dafür, daß Artus als rechtmäßiger König von England anerkannt wurde, und beriet ihn erfolgreich, bis sein Königtum gesichert war.

Bis jetzt ist es mir noch nicht gelungen, zu jedem Detail der verwickelten Erzählung eine Entsprechung zu entdecken. Das einzige, was wir daraus mit Sicherheit in Pus Welt übertragen können, ist der beratende, gleichsam elterliche Einfluß, den Pu Bär auf die Entwicklung von Christopher Robin ausübt.

Der soziale Kontext der Pu-Bücher schließt eine offene Anleitung Christopher Robins durch Pu von vornherein aus. Es kann jedoch kein Zweifel daran bestehen, daß Christopher Robins allmähliches Heranreifen dem zwar verdeckten, aber starken Einfluß von Pu Bär zuzuschreiben ist. Denn auch wenn Christopher Robins geistiger Horizont in gewisser Weise beschränkt sein mag, er ist doch wunderbar für die Berufung geeignet, die ihn im Leben erwartet. Wie wir bereits festgestellt haben, hat er nicht das Format für einen Magus; profunde Weisheit und okkultes Wissen wären in der Alltagswelt, in der er sich seiner Bestimmung gemäß bewegen wird, fehl am Platze. Dagegen ist es dort von unschätzbarem Wert, so liebenswürdig, ritterlich und ehrbar zu sein wie er. Sowohl sein guter Wille als auch sein krasses Unverständnis werden im letzten Kapitel von *Pu baut ein Haus* deutlich, wenn er den Großen Bären zum Ritter schlägt.

Das Paradoxe an dieser Szene versinnbildlicht das allseits bekannte Phänomen, daß irgendein wohlmeinender, mit politischer Macht ausgestatteter, aber nichtsdestoweniger mittelmäßiger Geist einem Genie irgendeine banale Ehrung zukommen läßt. Es spricht für Christopher Robin, daß er anscheinend doch erahnt, was er verlieren wird, wenn er sich verabschiedet, und zwar nicht, um wie Artus »zum Insel-Tal Avalon« aufzubrechen, sondern

in eine Welt, in der man etwas lernt, »was Faktoren hieß ... und wie man eine Saugpumpe herstellte ... und was aus Brasilien kommt«, eine Welt, in der er »nicht mehr gar nichts tun« kann, denn: »Sie lassen einen nicht.«

Glücklicherweise jedoch ist das nicht das Ende. Ebenso wie Artus der »einstige und zukünftige König ist«, der in sein Reich zurückkehren wird, lesen wir: »Aber wohin sie auch gehen und was ihnen auf dem Weg dorthin auch passieren mag: An jenem verzauberten Ort ganz in der Mitte des Waldes wird ein kleiner Junge sein, und sein Bär wird bei ihm sein, und die beiden werden spielen.«

Pu selbst bleibt natürlich immer in seiner eigenen Welt. Christopher Robins unmittelbare Zukunft mag langweiliger sein als die von Artus, aber Pus ist sehr viel glücklicher als die Merlins. Wie Sie wissen, nimmt man gemeinhin an, daß Merlin auf magische Weise durch die Dame aus dem See gefangengesetzt wurde. Pu dagegen wird nicht von einer mächtigen Zauberin gefangengenommen, sondern schließt eine herzliche Freundschaft mit dem einzigen weiblichen Wesen des Zyklus. Am Ende von Kapitel sieben von *Pu der Bär* lesen wir: »... jeden Dienstag verbrachte Känga mit ihrem großen Freund Pu, indem sie ihm Springen beibrachte ...« Wichtig ist, daß sie ihm *Springen* beibrachte, eine befreiende und erhebende Tätigkeit, das genaue Gegenteil von Gefangenschaft.

Die Suche nach dem Gral: ursinianische Abwandlung eines Themas der Artuslegende

Von der Tafelrunde gelangen wir natürlich geradewegs zum Thema der Gralssuche. Viele Ritter der Tafelrunde machten sich von dort auf und erlebten zahlreiche Abenteuer. Milne, der sich immer eher dem Geist einer Erzählung verpflichtet fühlt als ihrem Wortlaut, war so frei, den Ausgangspunkt dieser reisenden Ritter abzuwandeln.

Die Suche nach dem Heffalump, Kapitel fünf von *Pu der Bär*, beginnt damit, daß Christopher Robin während eines Picknicks mit Pu und Ferkel darauf zu sprechen kommt. Zwei offensichtliche Schwierigkeiten ergeben sich, wenn man diese Suche völlig ernst nimmt. Zunächst einmal kann keiner der drei Beteiligten einen wirklich überzeugenden Beweis dafür liefern, je ein Heffalump gesehen zu haben. Christopher Robin behauptet dies zwar, bleibt aber überaus vage, wenn es um eine genauere Beschreibung geht. Ferkel sagt, daß es einmal eins gesehen hat – »Jedenfalls glaube ich, daß ich eins gesehen habe ... Aber vielleicht war es gar keins.« Pu dagegen fragt sich, wie ein Heffalump wohl aussieht. Ihre Schilderungen mögen sich ähneln, fallen aber kaum überzeugend aus.

Zweitens ist Pus Plan, ein Heffalump zu fangen, so absurd, daß es sich dabei offensichtlich um einen Scherz handelt. Sollen wir ernsthaft annehmen, daß der Große Bär tatsächlich hofft, ein Heffalump würde in eine Falle tappen, weil es gerade nach oben schaut, um festzustellen, ob es regnen wird oder ob es aufhören wird zu regnen? Eingedenk der Tatsache, daß Ferkel sich erst in einem frühen Stadium seiner Lehrzeit befindet, begreifen wir, daß Pu seinem kleinen Schüler lediglich Anschauungsunterricht erteilt, um ihn zu lehren, daß es gründlicher Vorbereitung bedarf, ehe man sich auf eine Suche begibt. Damit wird auch die vorausgegangene rätselhafte Feststellung erklärlich, daß Pu sich fragt, wie ein Heffalump wohl aussieht. Wenn Pu nicht weiß, wie ein Heffalump aussieht, ist die naheliegende Erklärung die, daß es so etwas wie ein Heffalump gar nicht gibt: Es existiert in der Mythologie ebensowenig wie in der Zoologie.

Gleichermaßen schwer zu fassen ist das Jagdziel in Kapitel drei von *Pu der Bär,* in dem »Pu und Ferkel auf die Jagd gehen und beinahe ein Wuschel fangen«. Das auffälligste an dieser Jagd ist der Umstand, daß die Spur der verfolgten Beute sich zunächst verdoppelt und daß sich dann eine dritte, anders aussehende Spur dazugesellt. Pu erklärt daraufhin:

»Es sind entweder zwei Wuschel und ein, falls es das ist, Wischel oder zwei, falls sie das sind, Wischel und ein, falls es das ist, Wuschel.«

Bald darauf sehen sie die Spuren eines weiteren Wuschels vor sich. Niemandem, der Sir Thomas Malorys *Die Geschichten von König Artus und den Rittern seiner Tafelrunde* gelesen hat, wird die Anspielung auf Artus und das *Bellende Tier* entgehen. »Als er [Artus] so saß, glaubte er das Bellen von Hunden zu vernehmen, etwa dreißig an der Zahl, und auf einmal sah er das seltsamste Tier, das er je erblickt hatte oder beschreiben hören, auf sich zukommen.« Die Vervielfältigung der Spuren bei Pus Jagd verweist eindeutig auf geheimnisvolle Zahlen, die zugleich auf sowohl einleuchtende als auch amüsante Art einer Erklärung zugeführt werden.

Christopher Robin beobachtet Pu und Ferkel vom Ast eines Baumes herab. Er erklärt die Vermehrung der Spuren ganz einfach damit, daß sich die Jäger im Kreis um ein Dickicht herum bewegen und bei jeder Umkreisung eine neue Spur hinterlassen haben. Pu akzeptiert diese einleuchtende Erläuterung und bezichtigt sich gar selbst: »›Ich war ein verblendeter Narr‹, sagte er, ›und ich bin ein Bär ohne jeden Verstand.‹« Diejenigen unter uns, die sich genauer an das Bellende Tier erinnern, werden wissen, daß es unmöglich zu fangen war. Manche gehen davon aus, daß es auf der spirituellen Ebene die Suche als Selbstzweck symbolisiert, ohne jedes rationale oder erreichbare Ziel. Hier erleben wir, wie Pu Bär die eigene Würde opfert, um seinen kleinen Freund davor zu bewahren, seine Energie bei einer nutzlosen Suche zu vergeuden.

Ich könnte mir vorstellen, daß meine Leser inzwischen mit zunehmender Ungeduld darauf warten, daß die großen Weltmysterien zur Sprache kommen, die ja erklärtermaßen im Mittelpunkt unserer Untersuchung stehen. Gewiß, so denken sie vielleicht bei sich, ist es nicht damit getan, einen Verweis auf Merlin als Zauberer und einige Beispiele für Formwandlung anzuführen. Sie haben völlig recht, und jetzt kommen wir zum Kern der Sache, nämlich der mystischen Bedeutung, die den feierlichen Zeremonien am Hofe König Artus' und den Abenteuern seiner Ritter zugrunde liegt.

Pus Welt und das mystische Logres der Artuslegende

Pus Welt führt uns das vor Augen, was den Eingeweihten schon lange bekannt ist: daß nämlich jenseits des eigentlichen Reiches von König Artus ein ideales Reich lag, häufig Logres genannt, um es von der rauhen Wirklichkeit Britanniens abzugrenzen. Das esoterische Ziel des Königs und seiner Tafelritter war es, das Ideal in die Wirklichkeit zu überführen, Britannien in Logres zu verwandeln.

Es gelang ihnen nicht, das idyllische Land Logres in die stoffliche Welt hineinzuholen. Doch wo Artus und seine Ritter scheiterten, waren Winnie-*der*-Pu und seine Freunde erfolgreich. Auch wenn vieles andere umstritten sein mag, Pus Welt ist, in der Terminologie der Artuslegende, unbestreitbar das Reich Logres. Sie ist eine Welt der ungetrübten Freundschaft, wo jede Krise nur dazu dient, die praktische Wohltätigkeit seiner Bewohner zu aktivieren, von der allgemeinen Suche nach Klein bis hin zu zahllosen einzelnen Akten der Gastfreundschaft, Güte und Hilfsbereitschaft.

Anders als König Artus wird Christopher Robin nicht von Rivalen bedroht, muß keinen verräterischen Mordred fürchten, der danach trachtet, ihn zu vernichten. Anders als Guineveres Ansehen ist Kängas nicht durch Skandale am Königshof gefährdet. Keine erbitterten Fehden wie die zwischen Lancelot und Gawain entzweien die Waldbewohner.

Damit kommen wir zu der okkulten Erklärung dafür, warum es gelang, Logres in Pus Welt zu holen, wohingegen dies im Reiche König Artus' unmöglich war. Der bekannte zeitgenössische, okkulte Schriftsteller Gareth Knight argumentiert, daß Artus deshalb scheiterte, weil er keine befriedigende Beziehung zu Guinevere aufbauen konnte. Innerhalb der Konventionen eines Kinderbuches konnte Milne als größtmögliche Annäherung an eine Ehe immerhin eine enge Freundschaft gestalten. Wir können wohl davon ausgehen, daß die besondere Freundschaft zwischen Pu und Känga einerseits durch den Zustand der Glückseligkeit ermöglicht wurde, der in Pus Welt bereits bestand, andererseits aber auch dessen Fundamente und sein Fortdauern sicherte.

Der Nordpol und der Heilige Gral

Wir haben uns bereits mit der Expotition zum Nordpol beschäftigt, jedoch auf einer rein stofflichen Ebene. Nun müssen wir uns eingehender mit dieser Episode auseinandersetzen, und zwar als ein Beispiel für die mystische Bedeutung, die den bloßen Abenteuern, wie sie sich an der Oberfläche zeigen, zugrunde liegt. Ebendiese mystische Bedeutung wird von Winnie-dem-Pu erhellt. Ohne sie wäre in Pus Welt wahrlich kein Raum für das Britannien der Tafelrunde.

Wir müssen die Expotition mit der wichtigsten Suche der Artuslegende vergleichen: der Suche nach dem Heiligen Gral. Zunächst sind die Unterschiede augenfälliger als die Parallelen. Der Nordpol und der Heilige Gral könnten unterschiedlicher kaum sein. Zudem berichtet Malory, daß die Ritter der Tafelrunde, nachdem sie geschworen hatten, den Heiligen Gral zu suchen, zwar gemeinsam aufbrachen, doch dann:

> Am nächsten Morgen kamen sie alle überein, sich zu trennen. Sie gingen unter Tränen und in trauriger Stimmung auseinander, und jeder Ritter schlug den Weg ein, der ihm am besten dünkte.

Und nun lesen wir:

> Zuerst kamen Christopher Robin und Ka-
> ninchen, dann Ferkel und Pu; dann Känga
> mit Ruh in ihrem Beutel und Eule; dann
> I-Ah; dann, zum Schluß, Kaninchens sämtli-
> che Bekannten und Verwandten.

Mit der einzigen Ausnahme des allzu ängstlichen
Expotitionsteilnehmers Alexander Käfer bleiben
sie bis zum Schluß zusammen.
Noch auffälliger ist, daß aus der gesamten prächti-
gen Schar der Tafelrunde nur drei den Gral erlangen. Wohingegen die gesamte Gesellschaft um
Christopher Robin – mit der schon erwähnten
Ausnahme – schließlich den Nordpol bestaunen
kann, der, wie nicht anders zu erwarten, von Winnie-dem-Pu entdeckt wird.
Ich bin zuversichtlich, daß meinen Lesern inzwischen die offensichtliche Erklärung einleuchtet.
Der erfolgreiche Abschluß der Suche nach dem
Nordpol ist wenig überraschend, nachdem dem
Reich Logres mit Pus Welt so triumphal Gestalt
verliehen wurde. Auch die Verbindung ist offensichtlich. Die Leistungen der drei erfolgreichen
Gralsritter – Sir Galahad, Sir Perceval (Parzival)
und Sir Bors – trugen diesen drei Individuen zwar
den verdienten Lohn ein, aber sie reichten nicht

aus, um Logres zurückzuholen. In Pus Welt existiert Logres beständig in ungestörtem Frieden. Und in ebendieser Welt der gegenseitigen Hilfsbereitschaft führt die Suche nach dem Nordpol zu ihrem naturgegebenen Triumph.

Da sich ein Großteil des vorliegenden Buches mit okkulten Mysterien beschäftigt, die außerhalb der Grenzen der anerkannten Wissenschaften liegen, freut es mich, hier darauf hinweisen zu können, daß Christopher Robins Expotition fest auf modernen psychologischen Erkenntnissen fußt. Empirische Psychologen haben eine Theorie aufgestellt, die sie »soziale Förderung« nennen. Diese Theorie besagt, daß die einzelnen Mitglieder einer Gruppe gemeinsam effektiver arbeiten, als sie es tun würden, wenn sie auf sich allein gestellt wären. Das gilt sogar für vergleichsweise einfache Wesen wie zum Beispiel die Bohrassel. Da ich stets bemüht bin, jedwede abwegige Spekulation zu vermeiden, muß ich darauf hinweisen, daß in unserem Textkorpus keinerlei explizite Erwähnung der Bohrassel zu finden ist, wir können aber wohl mit einiger Sicherheit davon ausgehen, daß sie gemeinsam mit Käfern und Spinnen zur buntgemischten Schar von Kaninchens Bekannten-und-Verwandten gehört: eine von denen, die Pu als »die Sorte, auf die man aus Versehen drauftritt« beschreibt. Selbst die geringsten unter Kaninchens Bekannten-und-Verwandten waren

daran beteiligt, dem Großen Bären zu seiner Entdeckung zu verhelfen.

An diesem Punkt mag einige Leser ein leises Unbehagen beschleichen. Vielleicht fragen sie sich, ob
der Nordpol wirklich ein angemessenes Symbol für
den Gral ist. Zugegeben, alte Gralslegenden stellen
ihn in ganz unterschiedlichen Formen dar: als
Kelch, als große Schale, als Kessel, sogar als Stein.
Könnte er also nicht genausogut die Form eines
Pfahls haben? Zumal er den erfolgreichen Suchen-
den eine Befriedigung und eine Freude vermittelte,
die den Gefühlen der traditionellen Gralsfinder in
nichts nachstanden.

Vielleicht können wir die Expotition als vollkom-
menes Symbol einer gelungenen Suche betrachten.
Ich denke jedoch, daß wir für das Symbol des eigentlichen Grals nach etwas Ausschau halten müssen, das sich mehr der überlieferten Form annähert.
Glücklicherweise müssen wir nicht lange forschen.

Pus Honigtopf als Heiliger Gral?

Zumindest auf der symbolischen Ebene muß diese These eindeutig bejaht werden. Der Überlieferung nach war Merlin vor allem der Prophet des Grals, und Milne hat großen Wert darauf gelegt, die enge Verbindung deutlich zu machen, die zwischen Pu als Merlin und den Symbolen des Heiligen Grals sowie dessen vorchristlichem Vorläufer, dem keltischen Kessel der Fülle, besteht.

Vorausgegangene Kapitel haben bereits gezeigt, daß Honig in Pus Welt das Symbol spiritueller Weisheit und okkulter Überlieferung ist. Auch auf der stofflichen Ebene nährt Pu sich für sein aktives und tätiges Leben mit kleinen Mengen – »Erfrischungen« – dieser herrlichen Substanz. Das alles greift auf, was die alten Autoritäten der Artuslegende wie Chrétien de Troyes und Sir Thomas Malory uns von den wundersam stärkenden Kräften des Grals berichten.

Pu Bär selbst betont die Reinheit und Unverfälschtheit seines Topfes mit HONICH. In Kapitel fünf von *Pu der Bär* unterzieht er diesen Topf Schritt für Schritt einer gründlichen Untersuchung. Der Topf befindet sich genau dort, wo er sein sollte: auf dem obersten Brett seines Küchenschrankes; auf dem Topf steht HONICH: »... nur um ganz sicherzugehen, entfernte er den Deckel aus Papier

211

und sah genau hin, und es *sah* genauso aus wie Honig.« In seiner Rolle als Merlin weiß Pu jedoch sehr wohl um Formwandlung und die Illusionen der Zauberkunst. »Also steckte er seine Zunge hinein und leckte einmal kräftig.« Der Geschmack bestätigt den durch Position, Beschriftung und Aussehen vermittelten Eindruck. Vorsichtshalber überprüft er dennoch die, wie sich glücklicherweise herausstellt, falsche Hypothese, daß jemand Käse unten hineingelegt haben könnte, »als kleinen Scherz sozusagen«. Und schließlich kann er feststellen: »Es *ist* Honig, bis ganz unten.«

Kein anderer Autor hat seinen Lesern derart überzeugende Beweise für die wahre Natur des Grals und seines Inhalts geliefert.

Manche Ursinologen mögen angesichts der wiederholten Verweise auf die Anzahl von Pus Töpfen ein wenig verunsichert sein. Sie werden sich daran erinnern, daß Pu, als er sich vor der Flut rettet, zehn Töpfe Honig mitnimmt. Als Kaninchen Pu aufsucht, um ihn zu bitten, sich der Suche nach Klein anzuschließen, zählt Pu gerade seine Honigtöpfe und ist bei vierzehn angekommen – oder waren es fünfzehn? Vier Kapitel später, als Kaninchen sich selbst und alle anderen bei dem Versuch, Tieger gestüm zu machen, in die Irre geführt hat, werden Pu und Ferkel durch den Ruf der zwölf Honigtöpfe nach Hause geleitet.

Diese Verweise sind deutliche Anspielungen auf die mittelalterlichen und sogar vorchristlichen Ursprünge vieler bekannter Artussagen. Die Vielzahl von Pus Honigtöpfen symbolisiert klar die keltischen Ursprünge des Grals als Kessel der Fülle. Ein Kessel voll Honig wäre nach künstlerischen Gesichtspunkten unzulässig. Eine *Anzahl* von Honigtöpfen verbindet dagegen künstlerische Gestaltung mit einer Vision üppigen Überflusses. Obendrein ist Milnes Topf voller HONICH nicht seine einzige symbolische Gleichsetzung von Pu mit dem Gralshüter. In Pus Lied »Fragen, Fragen, immer nur Fragen« heißt es am Ende jeder Strophe:

> Gib mir ein Rätsel auf, ich werde sagen:
> »Da *mußt du jemand anders fragen.*«

Daraus läßt sich unzweifelhaft schließen, daß Pu sich der Verschwiegenheitspflicht seiner hohen Aufgabe durchaus bewußt ist und unbotmäßige Neugier seitens eines Uneingeweihten, der sich noch in den rein intellektuellen Spielereien des Rätsels ergeht, freundlich, aber bestimmt zurückweist. Die Überlegenheit dieser Haltung wird um so deutlicher, wenn wir sie mit der Lohengrins vergleichen, dem Sohn Sir Percevals, von dem im folgenden Kapitel ausführlicher die Rede sein soll.

Ruh, I-Ah und Sir Perceval

Es würde den Rahmen des vorliegenden knappen und einführenden Bandes sprengen, wenn wir auf die Parallelen zwischen Pus Freunden und den einzelnen Figuren des Artuskreises eingingen. Gern überlasse ich diese Aufgabe meinen Lesern, die mit viel Vergnügen und großem geistigem Gewinn diese symbolischen Gleichsetzungen aufspüren werden: Kaninchen beispielsweise mit Sir Kay, Tieger mit dem Grünen Ritter und – weniger deutlich – mit Sir Lancelot, Oile mit den weisen Eremiten, die vielen Rittern in Bedrängnis mit weisem Rat zur Seite stehen, zu verbinden. Meine Leser werden auch die markante Ähnlichkeit zwischen Gideons Nadelöhr, jenem Ort im Wald, von dem Christopher Robin wußte, daß er verzaubert ist, und dem zauberhaften Wald Brezilian der Artuslegende bemerken.

Auf eine Parallele möchte ich hier jedoch näher eingehen, und zwar auf die zwischen Ruh und Sir Perceval. Als Ruh sich den anderen anschließen möchte, die vorhaben, Tieger gestüm zu machen, sagt Känga:

»Heute lieber nicht, Schatz. Ein andermal.«
»Morgen?« fragte Ruh hoffnungsvoll.
»Wir werden sehen«, sagte Känga.

»Immer wird nur gesehen, und nie passiert
was«, sagte Ruh traurig.

Was liegt hier anderes vor als die Neugestaltung, in
einer unserem Text gemäßen Terminologie, des
Bemühens von Percevals Mutter, ihn von allem
Wissen um das abenteuerliche Ritterleben abzu-
schirmen? Chrétien de Troyes, der große Sänger
der Artussage aus dem zwölften Jahrhundert, berichtet, daß Percevals Mutter, als ihr Sohn begeistert erzählt, daß er zum erstenmal Ritter gesehen
hat, »wie eine bekümmerte Frau erwiderte:
›... Mein lieber, teurer Sohn, ich dachte, ich könnte
dich vom Rittertum so fern halten, daß du nie etwas
davon erfahren würdest.‹«
Später, als Perceval erstmals eine Gralsprozession
sieht, nimmt er den Rat, nicht zuviel zu sprechen,
allzu wörtlich, so daß er es versäumt, die Fragen zu
stellen, die sowohl den Fischerkönig als auch dessen
Reich geheilt hätten. Da ist ihm selbst I-Ah voraus.
Als wir ihm zum erstenmal begegnen, stellt er
zumindest Fragen: »Warum?«, »Wozu?«, »Inwiefern?« Ein weiteres beeindruckendes Beispiel für die
überlegene Stellung, die selbst die weniger spirituell
orientierten Bewohner von Pus Wald im Vergleich
zu den erfolgreichsten Gralsrittern innehaben.
Wie sich herausstellte, bildeten Fragen nicht nur für
Sir Perceval einen Stolperstein, sondern auch für

215

seinen Sohn, den Gralsritter Lohengrin. Pervecal beging den Fehler, nicht die richtige Frage zu stellen, und Lohengrin den Fehler, die falsche zu beantworten. Als er dem Drängen seiner Frau nachgab und das mysteriöse Geheimnis seines wahren Namens und seiner Herkunft verriet, wurde er mit ewiger Trennung von ihr bestraft und hinfortgetragen – von einem Schwan. Das erklärt auch, warum Milnes Anspielung auf einen Schwan in der »Vorstellung« von *Pu der Bär* so dunkel bleibt. In Erinnerung an Lohengrins Schicksal ist unser wohlmeinender Autor offensichtlich bemüht, uns vor den Gefahren eines unbotmäßigen Verlangens nach Wissen zu warnen. Im nächsten Kapitel werden wir feststellen, daß man sich den Mysterien Schritt für Schritt nähern muß. Geduld ist dabei ebenso unerläßlich wie Beharrlichkeit.

8

PU ALS MYSTISCHE LEITFIGUR
FÜR SEINE FREUNDE:
INITIATIONSRITEN, PU ALS
NOAH-GESTALT

Wir haben nun mehrmals in sehr unterschiedlichen Zusammenhängen betrachtet, wie der wohlmeinende Bär seinen Freunden hilft. Bislang ging es dabei überwiegend um Beispiele praktischer Hilfeleistung, wie das Wiederauffinden von I-Ahs Schwanz und die Errettung Ferkels aus der Überschwemmung. Ich bin sicher, daß sich meine Leser fragen, wie es um seine spirituellen Hilfeleistungen bestellt ist. Warum hat er Ferkel als Schüler oder *Chela* erwählt? Und welchen Einfluß übte er auf die spirituelle Entwicklung seiner anderen Freunde aus?
Nähern wir uns diesen Fragen systematisch und betrachten wir zunächst jene archetypischen initiatorischen Verweise, die Milne gleich an den Anfang seines Werkes gestellt hat; anschließend erfolgt eine detaillierte Analyse von Ferkels Entwicklung, und schließlich werden wir uns mit den weniger bedeutsamen, aber doch lobenswerten Fortschritten der anderen beschäftigen.

Da das Thema der Initiation im Pu-Zyklus so überaus wichtig ist, verwundert es nicht, daß Milne es
gleich zu Anfang, in der »Vorstellung« von *Pu der
Bär,* anspricht. Wie alles in diesen großartigen Texten kann und sollte dies auf vielerlei Weise und auf
mehreren Ebenen interpretiert werden. Mittlerweile erkennen wir auf den ersten Blick, daß die
Anspielung auf Pu als Bär im Käfig ihn in der Rolle
des Erwartungsvollen bezüglich der Mysterien
zeigt, der noch von der Finsternis der Unwissenheit gefangengehalten wird. Initiation in die Mysterien ist der erste wesentliche Schritt ins Licht. So
gibt es eine größere symbolische Passage, die sich
mit dieser wichtigen Zeremonie beschäftigt.

Nur wenige Geschehnisse im Leben von Winnie-
dem-Pu wurden so eklatant mißverstanden wie
sein Besuch bei Kaninchen, anläßlich dessen er bei
der Verabschiedung in der Haustür steckenbleibt.
Fast ohne Ausnahme wurde dieser Zwischenfall als
komische Bestrafung seiner durch Gier herbeige-
führten Leibesfülle gedeutet. Es spricht nicht gerade für die früheren Ursinologen, daß ihnen die
offensichtliche Verbindung mit den eleusinischen
Mysterien entging.

Wieder einmal spielt Winnie-*der*-Pu uns zuliebe
und mit der ihm eigenen Bescheidenheit die Rolle
des Anfängers. Er will einen Besuch machen und
sieht den Eingang zu Kaninchens Bau.

Also bückte er sich, steckte seinen Kopf in das Loch und rief: »Ist jemand zu Hause?« Plötzlich hörte man innen im Loch ein Trippeln, und dann war es wieder still.

»Ich sagte: ›Ist jemand zu Hause?‹« rief Pu sehr laut.

»Nein!« sagte eine Stimme; dann fügte die Stimme hinzu: »Du brauchst nicht so laut zu rufen. Beim erstenmal habe ich dich bereits sehr gut gehört.«

Schließlich, und erst nachdem Kaninchen durch vorsichtiges Fragen Pus Identität vorläufig geklärt hat, gesteht es seine eigene ein und bittet Pu hereinzukommen. Selbst dann noch mustert es ihn argwöhnisch:

»Du hattest völlig recht«, sagte Kaninchen und sah ihn von oben bis unten an. »Du bist es.«

Hiermit liegen sämtliche Merkmale der Aufnahme in einen Mysterienkult vor, und der Abstieg des Kandidaten in eine tiefere Welt, häufig eine Höhle, erinnert an die eleusinischen Mysterien, den berühmtesten Kult dieser Art. Typisch ist auch der Torwächter, der den Kandidaten einer gründlichen Prüfung unterzieht, bevor er ihn einläßt. Kanin-

chen formuliert das so: »Man kann nicht *jeden* in sein Haus lassen. Man muß *vorsichtig* sein.«

Vielleicht wundern sich einige, daß ausgerechnet Kaninchen die Tür hütet. Schließlich erweckt es, trotz vieler bewundernswerter Eigenschaften, nicht gerade den Eindruck, tief in die Mysterien eingedrungen zu sein. Wir sollten jedoch nicht vergessen, daß der Torwächter zwar eine wichtige Funktion ausübt, häufig jedoch nicht in die innersten Geheimnisse des von ihm bewachten Schreins eingeweiht ist.

Jeder Ursinologe erinnert sich lebhaft daran, was geschieht, nachdem Pu in Kaninchens Wohnung gelangt ist. Nach einem geselligen »Mundvoll irgendwas« möchte Pu sich verabschieden, bleibt jedoch in Kaninchens Tür stecken, wo er eine Woche verweilt, getröstet nur durch ein »gehaltvolles Buch«, bis Christopher Robin und alle Bekannten-und-Verwandten von Kaninchen ihn herausziehen.

Als »eingeklemmter Bär in starker Bedrängnis« steckt Pu in einem symbolischen Geburtskanal fest, während seine Befreiung der symbolischen Wiedergeburt entspricht, die von jedem Teilnehmer mittels der Mysterien erlebt wird. Wir mögen uns fragen, warum er nicht nur der Hilfe Christopher Robins bedarf, sondern auch der von Kaninchens sämtlichen Verwandten-und-Bekannten. Die Antwort auf diese Frage lautet, daß er seinen Gefährten – und uns – deutlich machen möchte, daß das allmähliche Eindringen in die Mysterien normalerweise nicht ohne Hilfe möglich ist. Diejenigen, die diesen Weg allein beschreiten wollen, setzen ihren Geist wie ihren Körper großen Gefahren aus.

Normalerweise sollte der Kandidat von einem erfahreneren Adepten angeleitet werden. Per definitionem ist dies im Fall von Pu unmöglich, da er selbst der höchste Adept ist. Zweifelsohne hätte das gehaltvolle Werk einige von Christopher Robins Unzulänglichkeiten offenbart. Wie schade, daß Milne keine näheren Angaben dazu macht.

Wir haben nun einen symbolischen Abstieg in die Unterwelt und eine symbolische Wiedergeburt konstatiert. Nachdem Milne diese beiden großen

Symbole der Initiation gleich zu Beginn seines Werkes etabliert hat, zeigt er uns die Schritte, mit denen Pu seine Freunde so weit auf den Weg führt, wie es deren innere Beschränkungen gestatten.

Ferkels Entwicklung

Als erstes berichtet Milne uns über Ferkel, daß es »in einer großartigen Wohnung« wohnte (Kapitel drei von *Pu der Bär).* Gleich anschließend erfahren wir:

> An einem schönen Wintertag, als Ferkel gerade den Schnee vor seiner Wohnung wegfegte, blickte es zufällig von seiner Arbeit auf, und da war Winnie-der-Pu. Pu ging immer im Kreis herum und dachte an etwas anderes, und als Ferkel mit ihm reden wollte, ging er einfach weiter.

Ferkel fragt ihn, was er macht. »›Ich spüre etwas auf‹, sagte Pu sehr geheimnisvoll.«
Es ist ein weiteres verblüffendes Beispiel für die Blindheit ganzer Generationen von Lesern, daß – soweit ich weiß – bis heute niemand die Fülle von initiatorischen Bezügen in diesen beiden kurzen Passagen bemerkt hat.
Wohl jedem fällt unwillkürlich die starke Betonung

von Winter und Schnee auf, die Text und Bild gleichermaßen vermitteln. Symbolisch verweist dies natürlich auf den Norden. Nun ist es eine Tatsache, daß der Kandidat bei vielen Initiationsriten den Ort der Initiation von Norden her betritt.

Als nächstes registrieren wir, daß Pu im Kreis geht. Der Kreis verkörpert viele esoterische Bedeutungen. Weltweit ist er das Symbol für Ewigkeit, und wir alle kennen den Begriff »Zauberkreis«. Hier jedoch verweist der Kreis auf die Bewegungsrichtung des Kandidaten bei nahezu allen Initiationszeremonien. Ob diese Bewegung nun im wörtlichen Sinne zirkulär ist oder nicht, sie führt stets in der Höhle, dem Tempel oder anderen geweihten Plätzen rundherum.

Darüber hinaus ist es höchst bedeutsam, daß Ferkel Pu zweimal ansprechen muß, bevor er antwortet. Das dann Folgende macht deutlich, daß Pu Ferkel auf die Probe stellt. Diejenigen, die in die Großen Mysterien eingeführt werden, müssen Interesse und Begabung an den Tag legen, bevor sie ernsthaft als Kandidaten in Frage kommen. Milne verrät uns nicht, was genau Ferkel anfänglich Pu gegenüber äußert. Er sagt nur, daß Ferkel »mit ihm reden wollte«. Vermutlich wird es sich dabei um eine alltägliche Begrüßung gehandelt haben. Das war jedoch nicht genug. Erst als Ferkel fragt: »Was machst *du* denn?«, reagiert Pu.

Durch seine Antwort wird unsere Interpretation überzeugend bestätigt. »Ich spüre etwas auf«, erklärt er, und er sagt es noch dazu »sehr geheimnisvoll«. Wie sehr die alten Mysterien sich auch in Zeit, Ort und im Detail voneinander unterscheiden mögen, sie alle spüren etwas auf, suchen etwas. Dabei kann es sich um untergegangenes Wissen oder spirituelle Vervollkommnung, Selbsterkenntnis oder das Auffinden einer anderen Welt handeln. Milnes Wahl des Wortes »geheimnisvoll« just an dieser Stelle verhindert jede Ausflucht in angeblich fehlendes Verständnis.

Wenige Zeilen später lesen wir eine Aussage, die ebenso relevant und profund ist. Als Ferkel fragt, was Pu aufspüren möchte, erwidert der: »Ich muß warten, bis ich es eingeholt habe.« Wie alle großen Mystiker, so verkündet auch Pu, daß die höchste Wahrheit nicht mit Worten erfaßt werden kann; sie muß Gegenstand persönlicher Erfahrung sein.

Pu lenkt Ferkels Aufmerksamkeit auf die nicht klar definierte Art dessen, was er aufzuspüren versucht: »Könnte [ein Wuschel] sein ... Manchmal ist es das, und manchmal ist es das nicht. Bei Pfotenabdrücken kann man nie wissen.« Er weist auch auf die rätselhafte Vervielfältigung der Spuren hin. Noch wichtiger sind jedoch weitere Belege auf den folgenden Seiten.

Shepards Zeichnung macht deutlich, daß Pu Bär

und Ferkel im Uhrzeigersinn, also mit der Sonne, um das Dickicht herumgehen, was ganz in der Tradition der alten Mysterien steht. Ebenfalls in Einklang mit dieser Tradition steht Pus Frage: »Würde es dir etwas ausmachen, mich zu begleiten, Ferkel, falls sie [die Wuschel oder Wischel] sich als feindselige Tiere erweisen sollten?«

In jedem der großen Weltmysterien mußten die Kandidaten Mut und Entschlossenheit unter Beweis stellen, indem sie eine Probe bestanden. Die Konfrontation mit dem unbekannten und möglicherweise feindseligen Wuschel – oder Wischel – ist Ferkels erste Probe. Und es besteht sie bravourös, indem es sich »sehr anmutig am Ohr [kratzte] und sagte … es würde ihn mit Vergnügen begleiten, falls es tatsächlich ein Wuschel *war*.«

Zugegeben, seine Nerven sind bis zum Zerreißen gespannt, als die rätselhaften Fußspuren immer mehr zunehmen, aber Hilfe kommt genau im rechten Moment, so daß es sich zurückziehen kann, ohne sein Gesicht zu verlieren. In dieser Phase ist sein Mut ein wenig unsicher und häufigen Schwankungen ausgesetzt, bis Ferkel sich schließlich, wie wir alle wissen, am Ende der Saga zu heroischen Höhen aufschwingt.

Der Schluß dieses Kapitels bedarf einiger Erläuterung, da er sehr häufig völlig fehlinterpretiert worden ist. Viel zu viele Leser haben Christopher Robins banale und materialistische Erklärung der sich vervielfältigenden Spuren fraglos akzeptiert. Wie bereits im vorangegangenen Kapitel erwähnt, geht er davon aus, daß die Fußspuren zunächst von Pu allein, dann von Pu und Ferkel gemeinsam verursacht wurden und daß die vermeintliche Vervielfältigung auf die Tatsache zurückzuführen sei, daß sie ihre Füße nicht bei jeder Umkreisung des Dickichts an exakt dieselbe Stelle setzten.

Aufgrund des mittlerweile erarbeiteten Erkenntnisstandes ist uns allen klar, daß hier der Unterschied zwischen exoterischem und esoterischem Wissen zum Tragen kommt. Esoterisches Wissen ist dem Eingeweihten zugänglich, und nur ihm. Exoterisches Wissen genügt dem vordergründigen und materialistischen Denker wie beispielsweise Christopher Robin. Es mag plausibel und sogar ungemein rational sein, aber es versperrt den Blick auf tiefere Wahrheiten.

Pus vermeintliche Übereinstimmung mit Christopher Robin zeigt, daß er, wenngleich widerstrebend, die Beschränktheit dieses liebenswerten Jungen erkennt. Der Fehler, den er sich selbst zum Vorwurf macht, war sein allzu optimistischer Glaube, daß Christopher Robin Zugang zu den Großen Mysterien finden könnte.

Aber selbst in dieser Phase kann der gütige Bär neue Hoffnung schöpfen: »Du bist der beste Bär der ganzen Welt‹, sagte Christopher Robin beruhigend. ›Stimmt das?‹ sagte Pu voller Hoffnung.« Offensichtlich hofft er, daß Christopher Robins Ausspruch darauf schließen läßt, daß er den Enormen Verstand rückhaltlos anerkennt und sich ihm demzufolge die Chance bietet, von dieser Geistesgröße zu lernen. Aber leider können wir uns des Eindrucks nicht erwehren, daß Pus guter Wille in diesem Fall stärker ist als sein Urteilsvermögen.

Wie bereits bemerkt, neigt Ferkels Verstand noch immer zu heftigen Schwankungen. An keiner Stelle wird dies deutlicher als in der Episode, in der »Ferkel ein Heffalump trifft«. Die betreffenden Ereignisse haben wir erst kürzlich geschildert, so daß eine erneute Zusammenfassung müßig erscheint, dennoch sind einige Kommentare vonnöten. Das Kapitel beginnt mit Christopher Robins Aussage, er habe an diesem Tag ein Heffalump gesehen. Nach dem außerordentlich vagen Gespräch, das wir bereits analysiert haben, gehen Pu und Ferkel gemeinsam nach Hause.

Zunächst schweigen beide, doch dann »begannen sie, sich freundschaftlich über dies und jenes zu unterhalten … Und dann, gerade als sie zu den Sechs Tannen kamen, blickte Pu sich um, um zu sehen, daß niemand lauschte, und sagte mit sehr feierlicher Stimme: ›Ferkel, ich habe etwas beschlossen.‹«

Zweifellos ist diese Entscheidung von größter Wichtigkeit. Sie wurde behutsam vorbereitet, und die gesamte Szene ist mit größter Sorgfalt gestaltet. Milne enthält uns zwar das genaue Thema vor, das Ferkel und Pu erörtern, doch die Gesprächsfetzen, die er wiedergibt, lassen eindeutig auf ernsthaftes Nachdenken statt auf banales Geplauder schließen:

> Ferkel sagte: »Falls du verstehst, was ich meine, Pu«, und Pu sagte: »Genau das finde ich auch, Ferkel.«

Offenbar hat Ferkel eine Feststellung getroffen, die das Einverständnis seines Gurus findet. Dadurch ermutigt, wagt Ferkel den anscheinend unabhängigen Einwand: »Aber andererseits, Pu, müssen wir auch daran denken.« Worauf Pu erwidert: »Sehr richtig, Ferkel, es war mir nur kurz entfallen.«
Wir müssen kurz innehalten, um die Bedeutung von Pus Aussage zu hinterfragen, es sei ihm kurz entfallen. Natürlich können wir sie nicht wörtlich nehmen. Wirkliche Vergeßlichkeit ist unvereinbar mit *Satori* oder vollkommener Erleuchtung. Sie würde Pus Glaubwürdigkeit als Höchster Magus des zweiten Jahrtausends völlig unterminieren. Was also können wir daraus schließen?
Zwei Erklärungen drängen sich auf. Pus vorgeb-

liche Vergeßlichkeit kann ganz einfach eine harmlose List sein, um das noch immer eher schüchterne Ferkel mit größerem Selbstbewußtsein zu erfüllen, indem er die ehrfurchtgebietende Distanz zwischen ihm, Ferkel, und seinem Meister verringert. Oder aber Pu benutzt die Formulierung, es sei ihm *kurz* entfallen, um damit anzudeuten, daß er das Thema ihres Gesprächs vorübergehend in den Hintergrund gerückt hat, um sich ganz der vordringlichen Anforderung des Augenblicks zu widmen, nämlich der entscheidenden Initiationsprobe, zu der er Ferkel geleitet.

Der Moment scheint günstig. Ferkel scheint genau die richtige Mischung aus vertrauensvoller Ehrerbietung und Kühnheit an den Tag zu legen, die für den nächsten Schritt auf dem Weg der Eingeweihten erforderlich ist. Auch der Ort ist mit Bedacht gewählt. Sie befinden sich an den Sechs Tannen.

Sowohl die Spezies als auch die Anzahl sind von tiefer Bedeutung. Nach altirischem Recht war die Tanne ein Baum höchsten Ranges: einer der edelsten Bäume; ein altes walisisches Gedicht spricht von der »vornehmen Tanne«. Und im Kontext der Esoterik kommt uns bei der Zahl Sechs sogleich das Hexagramm, der Sechsstern, auch bekannt als Davidstern oder Salomonssiegel, in den Sinn, der durch zwei einander durchdringende Dreiecke gebildet wird.

Wir sollten uns ebenfalls daran erinnern, daß er unter anderem sowohl auf die schöpferische Vereinigung des weiblichen und des männlichen Prinzips als auch auf die vier Elemente verweist, die Grundstoffe der antiken Physik. Noch esoterischer wird es, wenn wir durch das Hinzufügen der Zahl Vier für die vier Elemente zu der Zahl Drei des jeweiligen Dreiecks die mystische Zahl Sieben erhalten. Sie erscheint zwar nicht im Hexagramm, aber man ging davon aus, daß sie unsichtbar vorhanden war und sich dem inneren Auge des wahren Magus offenbarte, der über diesem Symbol meditierte.

Kein Wunder, daß Pu sich umblickt, »um zu sehen, daß niemand lauschte«, und es verwundert auch nicht, daß er »mit sehr feierlicher Stimme« spricht. Leser, denen die Heffalump-Episode geläufig ist, mögen sich an dieser Stelle fragen, wie es nun weitergehen wird. Wie, so überlegen sie vielleicht, soll es mir gelingen, Winnie-*den*-Pu als Ferkels Guru zu verteidigen, wenn die Geschichte mit einer offenkundig absurden Falle für Heffalumps beginnt und damit endet, daß Ferkel mit Kopfschmerzen im Bett liegt und Pu mit dem Kopf in einem Honigtopf feststeckt? Ob wir das Heffalump nun als Geschöpf der Phantasie betrachten oder – was völlig ausgeschlossen ist – als einen einfach nur falsch benannten Elefanten, gewiß ist, daß das ganze Unternehmen nicht nur einen völligen Fehlschlag darstellt, sondern auch eine Farce, bei der sich beide am Ende bis auf die Knochen blamieren.

Diese Leser möchte ich bitten, noch einmal nachzudenken, ja, noch einmal nachzulesen. Wie lauten die letzten vier Sätze des Heffalump-Kapitels?

Aber Christopher Robin und Pu gingen nach Hause, um miteinander zu frühstücken.
»Ach Bär!« sagte Christopher Robin. »Wie sehr ich dich liebe!«
»Ich dich auch«, sagte Pu.

Die Bedeutung von Christopher Robins hier besonders ausgeprägter Warmherzigkeit möchten wir erst im Zusammenhang mit der Untersuchung seiner begrenzten, aber wahrhaftigen Entwicklung am Ende dieses Kapitels behandeln und uns hier auf Pus offensichtliche Zufriedenheit mit der Schlußsituation der Heffalumpjagd befassen. Wie ist seine Befriedigung zu erklären?

Das würdelose Intermezzo, bei dem sein Kopf im

232

leeren Honigtopf steckt, können wir mehr oder weniger außer acht lassen. Nur diejenigen, deren Würde vordergründig ist, fürchten, sie zu verlieren. Wer von uns um die verblüffenden Methoden einiger Zen-Meister weiß, wird sich an Parallelen erinnern können. Von wirklicher Bedeutung ist hier Ferkels geistige Verfassung.

Wir haben bereits erfahren, daß es sich mit Kopfschmerzen ins Bett legt, doch im selben Satz lesen wir auch: »Da sah Ferkel, was für ein törichtes Ferkel es gewesen war …« Anders ausgedrückt, es hat einen wichtigen Schritt hin zur Selbsterkenntnis getan. Bekanntermaßen ist dies häufig eine schmerzliche Erfahrung, aber sie ist auch unerläßlich für jeden Pilger auf dem Pfad der Mysterien. Und der Pfad selbst ist voller Gefahren. Nur mit Mut und Entschlossenheit kann man sie überwinden.

Nie wieder, dessen können wir gewiß sein, wird Ferkel die Probe nicht bestehen, wie in dem Augenblick, als es Pus absurden Plan zum Fang eines Heffalumps für bare Münze nimmt. Gewiß ist ein so großer Schritt nach vorn ein paar Kopfschmerzen wert. Zudem ist sein Leiden offenbar nicht von langer Dauer und zeigt auch keine Folgen. Zudem vernachlässigt Pu es in keinster Weise. Als wir den beiden das nächste Mal begegnen, lesen wir: »Vor seinem Haus fand er [Pu] Ferkel, welches auf und ab sprang und versuchte, den Türklopfer zu erreichen.« Ferkel erklärt, was es versucht hatte, und man beachte das Taktgefühl, mit dem Pu Ferkels Selbstbewußtsein wiederherstellt, das möglicherweise durch den Heffalump-Zwischenfall erschüttert wurde:

> »Laß mich mal«, sagte Pu liebenswürdig. Er
> griff nach oben und klopfte an die Tür.

Nachdem er kurz abgeschweift ist, um Ferkel zu berichten, wie traurig I-Ah ist, weil niemand an seinen Geburtstag gedacht hat, fährt Pu fort:

»Erstaunlich, wie lange Wer-auch-immer-hier-wohnt braucht, um an die Tür zu gehen.« Und er klopfte noch einmal.

»Aber, Pu!« sagte Ferkel. »Das ist doch dein Haus!«

»Oh!« sagte Pu. »Mein Haus«, sagte er.

»Dann wollen wir doch mal eintreten.«

Ferkels gesteigertes Wahrnehmungsvermögen und sein Selbstvertrauen fallen sofort ins Auge. Während es zu Beginn der Heffalump-Episode blind eine irreale Situation akzeptiert und Pus bewußt absurden Vorschlag nicht hinterfragt, erkennt es nun die Realität und weist entschlossen darauf hin, daß es absurd ist, wenn Pu an seine eigene Haustür klopft. Damit müßten nun auch die letzten Zweifel im Hinblick auf die tiefe Weisheit von Pu als Leitfigur in der vorangegangenen Episode beseitigt sein.

Pu selbst äußert seine Zufriedenheit durch verblüffte – man bemerke das »Oh!« – und sofortige Zustimmung sowie durch die unmittelbar folgende Einladung. In dieser Situation kann selbst der flüchtigste Leser wohl kaum die symbolische Bedeutung der nächsten Sequenz übersehen: Ferkel versucht, an die Tür zu klopfen, aber der Klopfer ist zu hoch; dann klopft Pu für Ferkel; schließlich nimmt Pu Ferkel mit in sein Haus, das Haus der

Weisheit. Klarer und vollständiger geht es kaum noch.

Ferkels Rolle bei dem Versuch, I-Ah etwas zum Geburtstag zu schenken, bedarf in diesem Zusammenhang keiner Analyse. Ich begnüge mich mit dem Hinweis auf die fortdauernde besondere Verbindung zu Pu. Auch daß es Ruhs Platz in Kängas Tasche einnimmt, wird in Kapitel zehn ausführlicher betrachtet werden. Wenn meine Leser nun an Pus Einfallsreichtum und Heldenmut während der großen Überschwemmung zurückdenken, werden sie erkennen, daß er nicht aus purem Zufall ausgerechnet Ferkel rettete. Bislang jedoch haben wir ein wichtiges Element in dieser Situation außer acht gelassen.

Wenn wir von Ferkel während »der schrecklichen Überschwemmung« lesen, fällt uns spontan die biblische Sintflut ein und damit auch zwangsläufig Noah und seine Arche. Zunächst scheint die Analogie etwas weit hergeholt. Eingedenk der literarischen Konventionen des Genres, dessen sich Milne bedient, fällt es uns nicht schwer, ein »sehr kleines Tier« als Repräsentant aller Lebewesen zu sehen. Aber können wir auch Christopher Robins umgedrehten Regenschirm als treffendes Symbol für die Arche akzeptieren?

Der kleinere Maßstab ist kein Problem, aber wie ist es mit der Form? *Pus Verstand* ist kreisrund: die

Arche war im großen und ganzen rechteckig. Wie können wir diesen offenkundigen Widerspruch auflösen? Bei genauerem Nachdenken wird klar, daß das, was uns zunächst als Gegenargument erschien, in Wahrheit ein klarer Beleg für unsere These ist. Im vorangegangenen Kapitel riefen wir uns das Diktum von Eliphas Lévi in Erinnerung, demzufolge die Quadratur des Kreises ein typisches Vermögen des wahren Magus war. Darauf basierend konnten wir Christopher Robins rechteckigen Tisch als überzeugendes Symbol für König Artus' Tafelrunde deuten. Ebenso können wir das runde Gefährt *Pus Verstand* als überzeugendes Symbol für die Arche Noah akzeptieren. In der Tat stellt der Ersatz von rechteckig durch rund einen wunderbaren Ausgleich her für den Ersatz von rund durch rechteckig und liefert so den harmonischen Beweis für die Richtigkeit unserer Deutung. Wenn überhaupt noch eine weitere Bestätigung notwendig ist, so springt sie uns regelrecht ins Auge, wenn wir den Namen »Winnie« betrachten. Der Buchstabe »N«, hier durch die Verdoppelung zusätzlich betont, entspricht dem hebräischen Buchstaben »Nun«, dem Anfangsbuchstaben des Namens Noah! »Nun« ist zudem verbunden mit dem Tierkreiszeichen Fische, also mit dem Element Wasser. Wir können uns wahrlich nicht über mangelnde Hinweise seitens unseres Autors beklagen.

Als A. A. Milne nach zweijähriger Pause (1926–28) sein großes Thema wiederaufnahm, legte er großen Wert darauf, im ersten Kapitel von *Pu baut ein Haus* die besondere Verbundenheit von Winnie-dem-Pu und Ferkel zu verdeutlichen. Seine ersten Worte lauten: »Eines Tages, als Pu der Bär nichts anderes zu tun hatte, dachte er, er könnte eigentlich etwas tun, und deshalb ging er zu Ferkels Haus, um zu sehen, was Ferkel tat.«

Er stellt fest, daß Ferkel unterwegs ist, und kehrt nach Hause zurück, wo er Ferkel vorfindet, das dort auf ihn wartet. Nachdem sie »eine kleine Erfrischung« zu sich genommen haben, ziehen sie gemeinsam los, um I-Ah Pus neuestes Gesumm vorzusingen. Es schneit ohne Unterlaß, und »... bald trug Ferkel einen weißen Schal um den Hals und fühlte sich hinter den Ohren verschneiter als jemals zuvor.« Obwohl es sich offensichtlich unwohl fühlt, möchte es nicht, »... daß Pu einen falschen Eindruck von ihm« bekommt, also hält es weiter durch.

Seiner wachsenden Charakterstärke entspricht seine intellektuelle Entwicklung. In der Vergangenheit war es häufig überaus leicht zu beeinflussen, und es neigte dazu, Aussagen wörtlich zu nehmen, bei denen es sich offensichtlich um Scherze oder Tagträume handelte. Nachdem Pu darüber gesungen hat, daß sein Zeh vor Kälte schmerzt, hat Ferkel, »nachdem es sorgfältig über die Sache nachgedacht hatte«, einen Einwand: »›Pu‹, sagte es feierlich, ›es ist weniger der *Zeh* als das *Ohr*.‹«

Wir erleben also, daß Ferkel eine eigenständige Meinung äußert, seine eigene Erfahrung befragt und es sogar wagt – so scheint es zumindest –, dem Großen Bären zu widersprechen. Natürlich widerspricht es Pu nicht wirklich, sondern beschreibt nur eine andere Erfahrung. Doch selbst dafür ist ein gerüttelt Maß an moralischem Mut erforderlich. Kein Wunder, daß Ferkel sorgfältig nachdenken mußte und einen feierlichen Tonfall wählt. Pu Bär signalisiert, daß er Ferkels Fortschritte anerkennt, und zwar zunächst dadurch, daß er sein neues Lied noch weitere sechs Male mit Ferkel gemeinsam singt, was insgesamt die mystische Sieben ergibt. Eine noch beeindruckendere Ehrung folgt später.

Alle Ursinologen werden sich daran erinnern, daß Pu und Ferkel sich anschließend daran machen, ein Haus für I-Ah zu bauen. Es ist naheliegend, dies als Beispiel praktischer Wohltätigkeit zu deuten. Leider wurden bislang jedoch dessen pythagoräische und hermetische Bedeutungen übersehen. Bereits im fünften Jahrhundert vor Christus lehrten die Pythagoräer, daß die Welt eine mathematische Grundlage hat. Die Platoniker und noch stärker die Neuplatoniker entwickelten daraus die Theorie, daß das Geheimnis irdischer Schönheit darin lag, die mathematischen Proportionen zu entdecken, auf denen das Universum basierte, und diese auf die Künste, vor allem die Architektur, anzuwenden. Dabei handelt es sich natürlich um ein deutliches Beispiel für die hermetische Maxime »Wie oben so unten«.

Pu lenkt unsere Aufmerksamkeit auf die mathematische Form von I-Ahs Haus, wenn er zu Ferkel sagt:

> »Wir werden es hierherbauen«, sagte Pu, »genau hier an den Wald, windgeschützt, denn hier habe ich darüber nachgedacht. Und wir werden es Puwinkel nennen. Und aus Stöckchen werden wir ein I-Ah-Haus im Puwinkel für I-Ah bauen.«

Er fügt hinzu:

> »... [ich könnte] diese Stelle Pu & Ferkelwinkel nennen, wenn Puwinkel nicht viel besser klänge, was es aber tut, weil es kleiner und winkeliger ist.«

Man beachte, daß das Wort »Winkel«, wenngleich in zusammengesetzter Form, in diesen wenigen Zeilen gleich fünfmal auftaucht. Einen deutlicheren Verweis könnte es kaum geben. Shepards Darstel-

lung des fertigen Hauses ist mehr als nur eine überzeugende Bestätigung. Der Grundriß ist eindeutig
rechtwinkelig, das Dach eindeutig dreieckig.
Als I-Ah sein neues Haus findet, denkt er, es wäre
das von ihm selbst gebaute, und daß der Wind es lediglich an einen neuen Standort getragen hätte. Er-
freulicherweise können wir feststellen, daß I-Ah

trotz des ulkigen Irrtums die Verbesserung wahrnimmt, denn er bemerkt: »... so gut wie eh und je.
Sogar teilweise besser.«

Ferkels Initiation in die pythagoräische mystische
Mathematik und in die Hermetik erfolgt ganz
natürlich, nachdem Pu Ferkel durch die Tür zur
Weisheit geführt hat. Von nun an ist Ferkels Entwicklung bis hin zu seiner Apotheose als auser-
wählter Gefährte von Winnie-*dem*-Pu so selbstverständlich, daß sie keiner weiteren Erklärung bedarf.
Wenden wir uns daher nun der beschränkteren,
aber dennoch greifbaren Entwicklung von Pus anderen Freunden zu.

Die Entwicklung von Pus anderen Freunden

Christopher Robin. Wir haben bereits gesehen, daß
der Verweis auf Christopher Robin in der Bade-
wanne – gleich zu Beginn des Pu-Zyklus – besagt,
daß er nicht den Weg des Magus beschreitet. Durch
Pus wohltuenden Einfluß konnte lediglich erreicht
werden, daß Christopher Robin einer der edelsten
dem Diesseits verbundenen Menschen wurde, eine
Art König Artus des zwanzigsten Jahrhunderts.
Jedwede Hoffnung auf eine höhere Bestimmung
wird zunichte gemacht, wenn wir lesen: »Eines
schönen Tages war Pu in den obersten Teil des Waldes gestapft, um zu sehen, ob sich Christopher Ro-

bin überhaupt noch für Bären interessierte.« Weit davon entfernt, sich für Bären zu interessieren – wobei Bären, beziehungsweise *der* Bär, hier wohl als Meister okkulten Wissens verstanden werden sollen –, ist Christopher Robin damit beschäftigt, Pläne für seine Expotition zum Nordpol zu schmieden, bei der sowohl seine Befähigung als Anführer wie auch seine Blindheit im Hinblick auf die tiefere Bedeutung der Suche zutage treten.

Kaninchen scheint allzu tief in die Banalitäten des Alltags verstrickt zu sein, um über den Rang eines Torwächters der Mysterien hinauszuwachsen, den es in Kapitel zwei innehat. Auch dies ist jedoch eine wichtige, wenngleich anspruchslose Rolle. Wir sollten auch nicht die Hommage an Kaninchen unterbewerten, die Pu in sein Gesumm einbaut:

> Doch sagt Kaninchen: »Iß nur tüchtig!«
> Und »Ich will mehr!«
> Sagt Pu Bär.

Zudem läßt Kaninchen gegen Ende des Werkes eine wachsende Lernfähigkeit erkennen. Ausgerechnet das normalerweise recht ungeduldige Kaninchen fordert die Teilnehmer des Pu-Stöcke-Spiels indirekt dazu auf, Geduld zu haben: »Sie [die Stöcke] brauchen immer länger, als man denkt.« Und schließlich zeigt es eine erstaunliche Entwicklung hin zu Demut und Bescheidenheit, wenn es nach dem katastrophalen Scheitern seines Planes, Tieger gestüm zu machen, »haargenau« die Anmut erkennt, »mit der Tieger umherspringen sollten«, und ihn mit dem aus tiefstem Herzen kommenden Ausruf begrüßt: »Ach, Tieger, was *bin* ich froh, dich zu sehen.«

Auch *I-Ah* macht erhebliche Fortschritte. Gleich zu Beginn konnten wir sein forschendes Interesse an den tiefsten Fragen philosophischen Denkens feststellen. Seine Schwierigkeiten lagen eher auf der Gefühls- denn auf der Geistesebene. Den größten Teil des Buches tritt er als allzu einsamer Diogenes auf, doch allmählich schließt er sich immer öfter den Aktivitäten der anderen Waldbewohner an. Es ist eine deutliche Entwicklung seiner sozialen Kompetenz, daß er, als Tieger ihn in den Fluß stößt, seine anfängliche Empörung schnell vergißt und die beiden einträchtig zusammen weggehen. Schließlich akzeptiert er Kaninchens Rat, seine Freunde auch mal zu besuchen. »›Vielleicht hast du gar nicht mal so unrecht, Kaninchen‹, sagte er schließlich. ... ›Ich muß umtriebiger werden. Ich muß kommen und gehen.‹« Und so erleben wir, wie er eine wichtige Rolle beim »Verhabschieden einer Rissolution« übernimmt und im letzten Kapitel Christopher Robin ein von ihm verfaßtes Gedicht zu Gehör bringt.

Es wäre vermessen, irgendwelche Vorhersagen darüber zu machen, wie er sich von diesem Punkt an weiterentwickeln wird. Wir können jedoch feststellen, daß ihm nun mehrere Wege offenstehen. Zwei weitere Charaktere sind von so großer Wichtigkeit, daß sie es nicht verdienen, in nur einigen kurzen Absätzen abgehandelt zu werden. Mit Oile werden wir uns im folgenden Kapitel ausführlich beschäftigen und mit Känga in Kapitel zehn.

9
PU UND DIE KABBALA

Bei dem fortgeschrittenen Stand unserer Untersuchung dürfte es sich erübrigen, auf der offensichtlichen Tatsache herumzureiten, daß der Baum, den Pu auf der Suche nach Honig besteigt, im kabbalistischen Denken mit dem Sephirot-Baum gleichzusetzen ist, über den wir später mehr erfahren. Wie immer können wir darauf vertrauen, daß tiefe Weisheit unseren Autor dazu veranlaßte, diese Episode an den Anfang seiner unvergleichlichen Anleitung zu den Weltmysterien zu stellen. Kein Geringerer als Dr. Robert Wang erinnert uns daran, daß die Kabbala die Grundlage für den gesamten abendländischen Okkultismus liefert. Meine Leser mögen sich nun fragen, warum sie nicht auch in dem vorliegenden kleinen Band zuallererst behandelt wurde. Dafür gibt es drei gute Gründe. (Man beachte die mystische Zahl. Dergleichen ist niemals zufällig, am wenigsten bei der Beschäftigung mit der Kabbala.)

Erstens: Die Komplexität des Themas bereitet gerade dem Anfänger zunächst erhebliche Schwierigkeiten. Wie später zu zeigen sein wird, demonstriert Christopher Robins völliges Nichtverstehen diesen Umstand mit schmerzlicher Klarheit. Milne will uns mit seiner Darstellung zweifellos vorwarnen, daß die Beschäftigung mit der Kabbala Geduld und harte Arbeit erfordert. Ich bin zuversichtlich, daß erfahrenere Leser sich dessen bewußt sind und Nachsicht für diejenigen aufbringen werden, die sich noch auf den niedrigeren Sprossen der mystischen Leiter befinden. Vielleicht haben sie sogar ein ums andere Mal still in sich hineingelächelt, wenn sie die tiefere Bedeutung der kabbalistischen Verweise in den früheren Kapiteln dieses Buches erkannten. Solche stillen Erkenntnisse, gepaart mit einem wissenden Lächeln, sind tatsächlich Belohnungen für unser Weiterschreiten auf dem »mystischen Weg«.

Zweitens: Aufgrund der Vorbereitung, die sie durch ihre Lektüre der vorherigen Kapitel genossen haben, werden alle ernsthaften Wahrheitssucher nun zumindest für die elementarste Stufe des kabbalistischen Wissens bereit sein und dadurch ein tieferes Verständnis des Vorangegangenen erlangen. Ihnen wird die vollkommene Einheit klar werden, die allen Weltmysterien unterliegt. Sie werden erkennen, daß der Große Bär uns nicht durch zwar faszinierende, aber unverbundene Mysteriumswelten geführt hat, sondern daß er uns die Popesche Erkenntnis vor Augen geführt hat: »All das sind Teile eines Ganzen nur ...«

Drittens: Ohne ein zumindest elementares Verständnis der Kabbala wären meine Leser kaum in der Lage, die verblüffenden Offenbarungen von Kapitel zehn zu akzeptieren, das den krönenden Abschluß dieser ursinianische Studie bildet und uns zugleich in unsere Aufgabe als Leitfiguren für das neue Jahrtausend einführt.

Was ist die Kabbala?

Die Kabbala ist eine alte hebräische Überlieferung, die den hebräischen Schriften eine geheime Bedeutung verleiht, eine Bedeutung, die nur den Eingeweihten zugänglich ist. Manche Kabbalisten behaupteten, das Geheimnis sei ursprünglich Adam durch einen Engel mitgeteilt und dann von Generation zu Generation mündlich überliefert worden. Die beiden wichtigsten Werke der Kabbala, das *Sepher Jezira* und das *Sepher Sohar,* wurden erstmals im sechzehnten Jahrhundert gedruckt, es gab aber schon ältere Handschriften.

Kabbalisten stellten das Universum in Form eines Diagramms dar, das als der sephirotische Baum des Lebens (siehe Seite 251) bekannt war. Oberhalb des

Baumes befinden sich die drei Wesen von unvorstellbarer Abstraktion, die drei Schleier, die in aufsteigender Ordnung die Namen En Soph Aur, En Soph und En tragen. Sie übermitteln die schöpferische Kraft von ihrer sogar noch unbegreiflicheren Quelle zu den zehn Sephirot des Baumes. Verschiedene Kabbalisten beschreiben die Sephirot unterschiedlich, aber ihre Namen liefern uns Anhaltspunkte, und so können wir mit einiger Berechtigung behaupten, daß der Aufstieg von Winnie-*dem*-Pu auf den Honigbaum sowie sein »Abstieg« das sich Aufschwingen zu den Höhen (Kether, die Krone) und die Rückkehr zur Erde (Malkuth) symbolisieren, um hier seinen guten Einfluß zu verbreiten.

Da Milne diesem Baum so viele symbolische Bedeutungen verliehen hat, kann dessen kabbalistische Signifikanz leicht übersehen werden, aber keinem kabbalistisch gebildeten Ursinologen könnte die Absicht unseres Autors entgehen, wenn er in der »Rückstellung« von *Pu baut ein Haus* schreibt:

> … Pu, der noch ein bißchen länger wach auf seinem Stuhl neben unseren Kopfkissen sitzt, denkt Große Dinge über Gar Nichts, bis er ebenfalls die Augen schließt, den Kopf sinken läßt und uns auf Zehenspitzen in den Wald folgt.

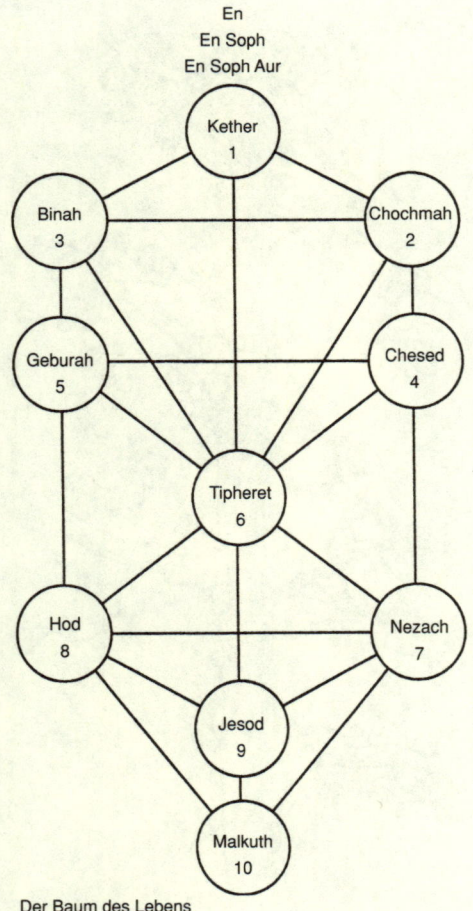

Der Baum des Lebens

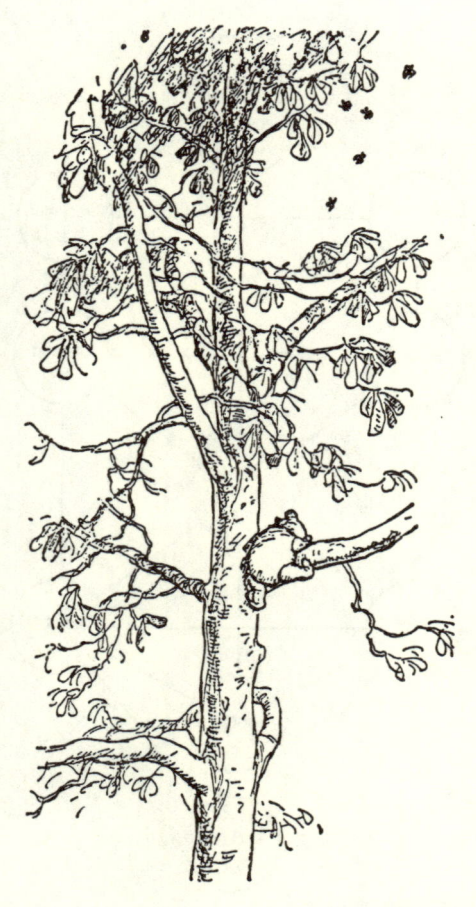

Er denkt also »Große Dinge über Gar Nichts«. Diese Formulierung gibt eindeutig zu verstehen, daß Pu, der noch wach ist, während alle anderen schlummern, seinen Enormen Verstand auf das höchste Mysterium der Kabbala konzentriert. Die wesentliche Eigenschaft der drei Schleier war, daß sie reines Sein waren – und daher Nichts.

Das mag paradox erscheinen, doch der Grundgedanke ist recht einfach. Wenn wir uns irgendein einzelnes Wesen vorstellen, das wir kennen, hat es zwangsläufig eine Form, und eine Form bedeutet Grenzen. Reines, grenzenloses Sein hat demzufolge keine Form. Daher können wir es nicht imaginieren oder definieren, denn Definition bedeutet eigentlich Begrenzung. Reines Sein ist also Nichts – Gar Nichts. Doch das Gar Nichts kommt von dort, wo alle Dinge entstehen. Jetzt begreifen wir, warum Pu Einsamkeit und Stille braucht, um über dieses unvorstellbare Mysterium nachzusinnen.

Wir verstehen auch, wieso er die Augen schließt, bevor er sich zu seinen Gefährten im Wald gesellt. Denn das Leben im Wald mit all seinen »verzauberten Abenteuern« mag zwar köstlich und erfreulich sein, doch es ist lediglich ein Traum, verglichen mit der höchsten Realität, der sich allein der Große Bär annähern kann, wenngleich selbst er sie nicht erfahren kann.

Das erklärt übrigens auch eine Passage, die einige Leser verwirrt haben mag, als sie einen der ersten Absätze über die Expotition zum Nordpol studierten. Das betreffende Kapitel beschäftigt sich zwar primär mit den esoterischen Bedeutungen der Artuslegende, doch es ist nicht verwunderlich, daß wir dort auch einige kabbalistische Verweise finden. Als Pu Christopher Robins Verständnis von der geplanten Suche auf den Grund gehen möchte, fragt er:

> »Wohin müssen wir, um auf diese Expotition zu kommen?«
> »Expedition, dummer alter Bär. Da ist ein ›X‹ drin.«
> »Ach!« sagte Pu. »Ich weiß.« Aber das stimmte eigentlich nicht.

Warum, so haben sich viele Leser gefragt, sollte jemand ein »X« erwähnen, um den Unterschied zwischen »Expedition« und »Expotition« zu verdeutlichen, wenn das »X« in beiden Wörtern vorhanden ist? Und wie sollen wir in diesem speziellen Zusammenhang den Kommentar erklären: »Aber das stimmte eigentlich nicht« [, daß Pu wußte, was Expedition bedeutet]?

Die Antwort auf die erste Frage ist leicht. »X« ist das übliche Symbol für eine unbekannte Größe, es signalisiert das Vorhandensein von etwas Unbekanntem, offensichtlich eines bedeutsamen Unbekannten. In unserem kabbalistischen Kontext verweist dies eindrucksvoll auf das unbekannte, ja, unerkennbare »En«. Das »X« entspricht aber auch der römischen Zehn; und zehn ist natürlich die Zahl von Malkuth – der Erde – am Sephirot-Baum. Somit verknüpft Pu wieder einmal durch ein zwar erstaunliches, doch typisches Paradoxon die höchste Spiritualität mit einem klaren Erfassen der Alltagsrealität.

Nun kommen wir zur zweiten Frage. Zunächst könnten wir versucht sein, Pus Ignoranz einfach nur als ein weiteres Beispiel für jene Maske einzustufen, die er so oft aufsetzt. Das wäre jedoch viel zu vordergründig, denn dabei wird die Quelle dieser Aussage völlig außer acht gelassen: Es sind nicht die Worte irgendeines uneingeweihten Außenseiters, nicht Pus, der seine wahren Fähigkeiten tarnt. Nein, sie kommen von unserem Autor höchstpersönlich. Was also will er uns damit sagen?

Wenn wir uns die Worte des Autors frisch ins Gedächtnis rufen, ist die Antwort, in kabbalistischer Hinsicht, klar. In diesem Zusammenhang ist das Ziel der Expedition die höchste Wahrheit, die höchste Realität, anders gesagt, En. Und Pu allein ist sich bewußt, daß dieses Ziel unerreichbar ist. Milne macht dies uneingeschränkt deutlich, wenn er sagt: »Aber das stimmte eigentlich nicht.« Dieser Nachsatz verrät uns, daß Pus Unvermögen, das Unerkennbare zu kennen, die realistische Erkenntnis war, daß ein derartiges Wissen einfach nicht zugänglich ist.

Wenden wir uns nun einem anderen Bereich zu, in dem kabbalistisches Wissen nicht nur möglich, sondern, zumindest in seinen ersten Stufen, einfach ist. Ich meine damit die *Gematria.*

Gematria

Gematria oder kabbalistische Numerologie basiert auf der Tatsache, daß jeder einzelne der zweiundzwanzig Buchstaben des hebräischen Alphabets auch eine Zahl ist. Kabbalisten wendeten dies auf die Auslegung der Heiligen Schriften an, indem sie Worte in Zahlen übertrugen und verborgene Beziehungen und Bedeutungen entdeckten, indem sie andere Worte in der Bibel heraussuchten, deren Buchstaben die gleiche Summe ergaben. Nehmen wir ein Beispiel aus unserem Text: Im vorangegangenen Kapitel erwähnte ich, daß Winnie-der-Pu eine Noah-ähnliche Haltung zeigte, als er Ferkel vor der Überschwemmung rettete. Wir wollen nun untersuchen, inwieweit die *Gematria* diese Gleichsetzung bestätigt. Zu diesem Zweck greifen wir auf den Namen des Großen Bären im englischen Original zurück, nämlich »Pooh«. Wenn wir »Pooh« ins hebräische Alphabet übertragen, so erhalten wir Heh, Oin, Oin, Peh. Selbstverständlich halte ich mich an die hebräische Konvention, von rechts nach links zu schreiben. Nun ordnen wir diesen Buchstaben ihre jeweiligen Zahlenwerte zu, wiederum von rechts nach links. Das ergibt $5 + 70 + 70 + 80 = 225$. Dasselbe Verfahren auf den Nahmen Noah angewandt, ergibt: Heh, Aleph, Oin, Nun. Mit den entsprechenden Zahlenwerten erhalten wir: $5 + 1 + 70 + 50 = 126$.

Auf den ersten Blick ist den Zahlen 225 und 126 keine offensichtliche Übereinstimmung anzusehen. Doch die Möglichkeiten der *Gematria* sind keineswegs erschöpft. Wir addieren die einzelnen Ziffern beider Summen, $2 + 2 + 5$ und $1 + 2 + 6$, und was erhalten wir? In beiden Fällen neun! Könnte es einen besseren kabbalistischen Beweis dafür ge-

ben, daß Pu in diesem Fall mit Noah gleichzusetzen ist?

Wenden wir uns nun erneut der »Rückstellung« in
Pu baut ein Haus zu. Vielleicht ist dem wahren ursinianischen Gelehrten nichts schmerzlicher als die
allgemeine Vernachlässigung von Milnes einleiten-
den Passagen. Wir empfinden Verständnis und sogar Sympathie für das Verlangen des Lesers, sich
möglichst schnell den darauffolgenden faszinie-
renden Erzählungen zuzuwenden, diese jedoch
können ohne die sorgfältige Vorbereitung, die
Milne uns zur Verfügung gestellt hat, nicht richtig
verstanden werden.

Eindringlich klar wird dies zu Beginn von Absatz
Zwei der Rückstellung.

> Der Grund für diese Rückstellung ist in der
> letzten Woche zu suchen, als Christopher
> Robin zu mir sagte: »Wie ist es denn mit der
> Geschichte, die du mir erzählen wolltest, in
> der es darum ging, was Pu passierte, als ...«
> Woraufhin ich zufällig gerade sehr schnell
> sagte: »Wie ist es denn mit neunmal hundert-
> sieben?«

Ließe sich uns das kabbalistische Prinzip, daß
jeder erschöpfenden Textdeutung eine gründliche
Kenntnis der *Gematria* vorausgehen muß, klarer

vermitteln? Dergestalt ermahnt, sollten wir nun die Beispiele betrachten, die sich uns darbieten.

Selbst ohne jede Manipulation sind die Zahlen an sich schon höchst bedeutsam. Wie bereits gezeigt, ist neun die Zahl von Pu (engl. Pooh) selbst; eins ist die Monade, die die Welt erschuf, null das formlose Gar Nichts, aus dem die Welt gebildet wurde, und sieben die traditionelle Periode in der mosaischen Kosmogonie. Wir sehen also, daß die Multiplikation von neun (Pu) mit hundertsieben (das Universum) die universale Macht und das Wissen des Großen Bären unterstreicht. Aber damit ist es natürlich noch längst nicht getan.

Neun mal hundertsieben ergibt neunhundertdreiundsechzig: 9, 6, 3. Wir haben bereits den sephirotischen Baum besprochen, mit Kether, der Krone, ganz oben und Malkuth, dem Königreich, ganz unten. Jede dieser Sephirot trägt eine Zahl. Zwischen Kether (1) und Malkuth (10) liegen die anderen Sephirot von 2 bis 9. Wenn wir nun die ermittelten Zahlen zuordnen, so stellen wir fest, daß 9 Jesod ist, das Fundament; 6 ist Tiphereth, die Schönheit oder die Sonne, und drei ist Binah, das Verständnis oder die Königin. Ist eine klarere oder überzeugendere Beschreibung des Milneschen Textes überhaupt vorstellbar? Ein festes Fundament, welches Schönheit und Verständnis trägt. Man beachte außerdem die alternativen Bedeutungen von Tiphereth und Binah: Sonne und Königin. Erstere liefert eine zusätzliche Bestätigung der in den vorangegangenen Kapiteln angesprochenen solaren Einflüsse, die zweite soll im nächsten Kapitel erläutert werden.

Natürlich läßt Milne es nicht dabei bewenden. In einem nächsten Schritt »... kamen Kühe dran, und zwar gehen immer zwei gleichzeitig durch ein Tor, und auf der Wiese stehen dreihundert, und wie viele sind nach anderthalb Stunden noch übrig?« Ich fürchte, daß einige Leser diese schlichte Berechnung nicht angestellt und demzufolge auch nicht die esoterische Bedeutung der Summe erkannt haben. Diese errechnet sich wie folgt:

Die Anzahl der auf der Wiese verbliebenen Kühe entspricht den ursprünglichen 300 minus der Anzahl der fortgegangenen Kühe.

Wenn 90 Minuten lang je zwei Kühe pro Minute fortgehen, macht das nach anderthalb Stunden insgesamt 180 Kühe. Die Anzahl der auf der Wiese verbliebenen Kühe ist also 300 minus 180, was 120 ergibt.

120: die Zahl kann in 12 und null aufgespalten werden. 12 ist die Anzahl der Tierkreiszeichen, ein Symbol der stofflichen, manifesten Welt. Null ist die Zahl des Unkörperlichen, des En. Wir haben hier also einen deutlichen Verweis auf die Welt der Kabbala.

Für den Fall, daß sich uns die Bedeutung dieser Passage noch immer nicht ganz erschließt, liefert Milne uns gleich im nächsten Satz einen weiteren Anhaltspunkt: »Wir finden so etwas sehr aufregend ...« Ich befürchte, daß allzu viele Leser dies für einen kleinen Scherz am Rande gehalten haben. Ich erlaube mir den Hinweis, daß für die hermeneutische (also wissenschaftlich systematische) Auslegung der Milneschen Texte die intuitive Fähigkeit unerläßlich ist, unterscheiden zu können, welche Passagen einer subtilen Analyse bedürfen und welche für bare Münze genommen werden können.

Wenn Milne uns nun im vorliegenden Fall mitteilt, daß derlei Probleme sehr aufregend sind, sogar so aufregend, daß wir, »... wenn wir uns genügend aufgeregt haben, [es uns bequem machen und einschlafen] ...«, sollten wir ihn durchaus beim Wort nehmen, denn diese Probleme leiten über zu der Passage, in der er uns von Pus Nachsinnen über das Reine Sein berichtet. Unser Autor hat seine Initialen unter die »Rückstellung« gesetzt, und nun wird deutlich, daß er damit weit mehr als nur seine Urheberschaft signalisiert: Er liefert uns einen weiteren eindeutigen Verweis auf den Sephirot-Baum. Wenn wir A. A. M. ins Hebräische übertragen, so erhalten wir Mem, Aleph, Aleph, was numerisch äquivalent ist mit 40 + 1

+ 1, was wiederum 42 ergibt – die Summe der zehn Sephirot plus der zweiunddreißig Pfade zur Weisheit!

Adam Kadmon

Eine Auslegung des sephirotischen Baumes kann, nebenbei bemerkt, auch zur Erklärung einer Passage dienen, die einigen wahren Ursinologen Kopfzerbrechen bereitet und anscheinend sogar Wasser auf die Mühlen derjenigen ist, die Pu jedwede intellektuelle Größe absprechen. Die Rede ist von einer Episode des Kapitels, in dem Kaninchens Versuch, Tieger gestüm zu machen, damit endet, daß sie sich im Nebel verirren. Sie sind sich uneins, in welche Richtung sie gehen sollen.

»Ich glaube, es geht mehr nach rechts«, sagte Ferkel nervös. »Was meinst *du*, Pu?«
Pu sah seine zwei Pfoten an. Er wußte, daß eine davon die rechte war, und er wußte, wenn man entschieden hatte, welche die rechte war, die andere die linke war, aber konnte sich nie merken, wo er anfangen mußte.

Sollen wir wirklich, so sagen die Spötter, die Weisheit einer Person ernst nehmen, die ihre linke Pfote nicht von der rechten unterscheiden kann? Ich bin sicher, daß meine Leser klare und überzeugende Antworten auf diesen Einwand parat haben, hier jedoch möchte ich mich auf die kabbalistische Antwort konzentrieren.

Neben dem sephirotischen Baum verwendeten die Kabbalisten auch das Bild des archetypischen Mannes, Adam Kadmon, den es schon vor dem irdischen Adam gab. (Nebenbei sei bemerkt, daß »Mann« hier mißverständlich ist, da Adam Kadmon sowohl weibliche als auch männliche Potenz in sich vereinte.) Die zehn Sephirot waren über den Körper von Adam Kadmon ebenso verteilt wie an dem Baum. Die eine Seite entsprach der Säule der Strenge, die andere der Säule der Gnade, und in der Mitte befand sich die Säule der Milde.

Wenn Pu also, als Adam Kadmon, seine Pfoten betrachtet, so zieht er die Sephirot in Betracht und wägt ab, was in dieser Situation bedeutsamer ist. Der mögliche Einwand, daß er sich nie merken konnte, »wo er anfangen mußte«, fällt in sich zusammen, wenn wir uns in Erinnerung rufen, wie alt und innig seine Beziehung zu den Sephirot ist. Das Erlernte im üblichen Sinne ist ihm schon längst zur Gewohnheit geworden; in diesem speziellen Fall die Gewohnheit, intuitiv zu beurteilen, ob Strenge oder Milde angebracht ist.

Natürlich könnte ich noch eine Vielzahl von Beispielen für Pu Bärs überragende Beherrschung der Kabbala anführen, aber ich bin der Ansicht, daß dieses Kapitel vor allem der Gelehrsamkeit und besonders der Wortgewandtheit von Oile Tribut zollen sollte. Während Pus Kabbalismus nur einen Aspekt seines vielseitigen Genies ausmacht, ist Oile mit ihrer wissenschaftlichen Methodik besonders geeignet, in diesem Buch als Repräsentantin des Kabbalismus aufzutreten.

Oile als kabbalistische Gelehrte

Oile vertritt für Milne den Archetypus des Gelehrten. Man kann sie sich leicht als Professorin der alten Schule in Oxford oder Cambridge vorstellen. Ihre Sprache ist präzise und mit vielsilbigen Wörtern gespickt. Sie liebt Anekdoten; leider hören wir nie das Ende der Geschichte, die sie Christopher Robin erzählt, »über den Unfall, der beinahe einem ihrer Bekannten zugestoßen wäre, den Christopher Robin nicht kannte«, und wir erfahren auch nicht, was mit ihrem Onkel Robert an einem stürmischen Tag geschehen ist. Ihr Lebensstil ist ebenso typisch. Als nach der Zerstörung ihres Landsitzes die Möbel ausgeräumt werden, sagt Känga:

»Aber dieses schmutzige alte Geschirrtuch brauchst du doch wohl nicht mehr, und was ist mit diesem Teppich, der ist ja voller Löcher«, und Eule rief entrüstet zurück: »Allerdingsss brauche ich den noch! Man mußßß nur die Möbel richtig anordnen, und außßßerdem issst dasss kein Geschirrtuch, sondern mein Schal.«

Oile legt offensichtlich jene Gleichgültigkeit gegenüber häuslicher Ordnung und Sauberkeit an den Tag, die so oft charakteristisch ist für den weltfremden Gelehrten.
Andererseits erkennen sämtliche Waldbewohner ihre Gelehrsamkeit an. Oile »weiß Sachen«, denkt Ferkel bei sich. Unser Autor verrät uns, daß Oile »weise in vielen Dingen« ist. Ihre Fähigkeit, Dienstag zu buchstabieren, nötigt unweigerlich Respekt

ab. Am beeindruckendsten ist jedoch die hohe Meinung, die der Große Bär höchstpersönlich von ihr hat:

> »Und wenn irgendwer irgendwas über irgendwas weiß«, sagte sich Bär, »dann ist es Eule, die was über was weiß«, sagte er, »oder ich heiße nicht Winnie-der-Pu«, sagte er. »Ich heiße aber so«, fügte er hinzu. »Und das beweist, daß ich recht habe.«

Kann man sich eine überzeugendere Referenz denken als diese emphatische Aussage, hinter der explizit der Große Name steht?

Bislang haben wir nur nachgewiesen, daß Oile eine große Universalgelehrte ist, wir sind jedoch Beweise schuldig geblieben, daß sie insbesondere eine große kabbalistische Gelehrte ist. Der Autor weckt unsere kabbalistische Aufmerksamkeit, wenn wir Oile zum erstenmal begegnen. Man wird sich erinnern, daß Pu sie gleich zu Beginn seiner Suche nach I-Ahs Schwanz aufsucht. Als er vor Oiles Haustür steht, studiert er die beiden Zettel, die dort hängen: »BTTE KLNGLN FALS NTWORT RWATET WIRT« und »BTTE KLOPFFN FALS KAINE NTWORT RWATET WIRT.«

Winnie-der-Pu las die beiden Zettel sehr sorgfältig, zuerst von links nach rechts und danach, falls ihm etwas entgangen sein sollte, von rechts nach links.

Aufmerksame Leser werden bemerkt haben, was uns die letzten zehn Worte vermitteln. Warum sollte Pu von rechts nach links lesen? Was könnte ihm entgangen sein, wenn er nur von links nach rechts liest? Welche bedeutende Sprache muß von rechts nach links gelesen werden? Natürlich das Hebräische, die Sprache der Kabbala!

Wir sind nun an einem Punkt angelangt, wo es, wie ich finde, an der Zeit ist, eine Frage zu beantworten, von der ich annehme, daß sie wohl einige meiner Leser beschäftigt. Habe ich nicht wichtiges Belegmaterial unterschlagen, Material, das Oiles Status als Gelehrte angreift, wenn nicht gar zerstört? Als ich ihre Fähigkeit erwähnte, Dienstag zu buchstabieren, habe ich nicht hinzugefügt, daß sie das Wort falsch buchstabiert. Als ich die Lobpreisung von Oiles Weisheit zitierte, habe ich unerwähnt gelassen, daß sie »von feineren Wörtern wie ZIEGENPETER oder TOASTMITBUTTER zur Verzweiflung getrieben« wird.

Jeder, der mir bislang gefolgt ist, muß zutiefst verwirrt sein. Wir alle wissen inzwischen genug, um die Vorstellung, Oile könne diese Wörter einfach nicht buchstabieren, als lächerlich abzutun. Was also bedeutet diese Passage? Wie immer liefert der Text selbst die Hinweise darauf, wenn wir ihn nur gründlich genug studieren. In vorliegendem Fall ist der Schlüsselbegriff »feinere Wörter«. Warum sind ZIEGENPETER und TOASTMITBUTTER feinere Wörter? Die Antwort finden wir unweigerlich in der *Gematria*.

Bevor ich diese anwende, muß ich darauf hinweisen, daß das hebräische Alphabet den Vokal »e« nicht kennt. Er muß durch den Kontext oder die sachkundige Intuition des Interpreten erschlossen werden. Durch Übertragung der einzelnen Buchstaben ins Hebräische und durch anschließende Zuordnung der jeweiligen Zahlenwerte ergibt sich bei dem Wort ZIEGENPETER die Gesamtsumme 191. Die Quersumme 1 + 9 + 1 ist 11. Nun steht die Elf in einem bedeutenden numerologischen System für Niederlage und Tod. Da dies offenkundig ungeeignet ist, gehen wir zum nächsten Schritt über und addieren unsere beiden Ziffern 1 + 1 und erhalten 2. Zwei, die Dyade! Die numerische Repräsentation von Yin und Yang, dem männlichen und weiblichen Prinzip; das große Geheimnis, dem wir uns erst jetzt annähern.

TOASTMITBUTTER ist sogar noch komplexer, das heißt, noch »feiner«, um es mit Milne zu sagen. Unter Anwendung des üblichen Verfahrens erhalten wir eine Summe von 1012, deren Quersumme 4 ist. Betrachten wir die »Nichtzahl« 0 aber als Unterteilung, so erhalten wir 1 + 12, was dreizehn ergibt.

Zahllose Interpretationsmöglichkeiten drängen sich regelrecht auf. Die offensichtlichste ist, daß die Vier die Anzahl der Wochen im lunaren Monat ist, und es gibt dreizehn lunare Monate im Jahr. Hier liegt also ein Verweis auf den Jahreszyklus unter lunarem Einfluß, einem Einfluß, der gerade für Eule als archetypischem Nachtwesen natürlich ist. Die Zahl Vier taucht gleich zweimal auf: einmal evident und dann als die Quersumme der 13. Vier steht natürlich für das Quadrat als Symbol der vier Elemente, aus denen sich das Universum zusammensetzt. Man addiere vier und dreizehn. Die sich daraus ergebende Siebzehn enthält sowohl eins, die Monade, die das Universum erschuf, als auch die Sieben, die Anzahl der Schöpfungstage in der hebräischen Kosmogonie. Subtrahiert man die Vier von der Dreizehn, erhält man wieder einmal neun, die Zahl von Pu selbst!

Die obigen Ausführungen stellen lediglich die allerersten Interpretationen dar, die bei einer raschen und beiläufigen Untersuchung gleich unübersehbar waren. Doch schon sie belegen eindeutig die Behauptung, daß die Kabbala die Grundlage allen esoterischen Wissens darstellt und es zugleich zusammenfaßt.

Nun wird auch klar, warum ZIEGENPETER und TOASTMITBUTTER »feinere« Wörter sind. Und wir begreifen, was Milne uns sagen wollte, als er schrieb, daß Oile von ihnen »zur Verzweiflung getrieben« wird. Dahinter verbirgt sich nichts anderes, als daß Oile alle Komponenten dieser Wörter analysiert hat und wohl zu der Einsicht gelangt ist, daß ihre Auslegung nur den Eingeweihten vorbehalten bleiben sollte, wie beispielsweise meinen Lesern.

In Kapitel fünf von *Pu baut ein Haus* bittet Kaninchen Oile, ihm zwei kryptische Nachrichten von Christopher Robin zu erklären. Konzentrieren wir uns hier auf eine Zeile in der zweiten Nachricht, die Zeile »HAPPZUTUHN BALZRÜCK«. Wir wissen, daß dies die beiden Schlüsselwörter sind, denn sobald Kaninchen sie ausspricht –

Eule ließ einen tiefen Seufzer der Erleichterung hören. »Aha!« sagte sie. »Jetzzzt wisss-sssen wir, woran wir sind!«

Unter Anwendung der Gematria und des üblichen Verfahrens, »Happzutuhn Balzrück« in hebräische Buchstaben zu übertragen, die numerischen Entsprechungen zu suchen und diese aufzuaddieren, erhalten wir eine Summe von 765. Just im Jahre 765 wurden in Japan die ersten Drucke hergestellt. Wir stellen zudem fest: $7 + 6 + 5 = 18$; und ungefähr achtzehn Jahre zuvor erschienen in Peking die ersten gedruckten Zeitungen. Was könnte einleuchtender sein als diese kabbalistische Verknüpfung der Druckkunst im Fernen Osten mit Oile, die so einzigartig mit den geschriebenen Nachrichten in den Pu-Büchern verbunden ist, eine Verbindung, die Milne uns unbedingt ins Bewußtsein rücken wollte! Ich denke, ich darf mich des bescheidenen Erfolges rühmen, als erster erkannt zu haben, daß die Kabbala, die so häufig nur auf die abendländische Tradition angewendet wird, auch die entferntesten Länder Asiens erleuchten kann.

Die Kabbala erhellt den Tarot

Diejenigen, die unser Kapitel über den Tarot gelesen haben, werden sich vielleicht daran erinnern, daß ich zwar Gershom Scholems Ablehnung irgendwelcher ursprünglichen Verbindungen zwischen der Kabbala und dem Tarot akzeptiert habe, aber dennoch die Ansicht vertreten habe, daß die Kabbala hilfreich sein kann, um die Milneschen Verweise auf den Tarot besser zu verstehen. Diese Leser dürfen mit Recht einige Beispiele dafür erwarten. Aus der Fülle der vielen Möglichkeiten habe ich mich für drei entschieden: zwei, die Passagen aus Kapitel fünf erhellen, und eine, die eine

271

Episode verständlicher macht, die bislang noch nicht erwähnt wurde.

Als die Rede von I-Ah als dem Narr beim Tarot war, rief ich meinen Lesern ins Gedächtnis, daß dem Narr die Zahl Null zugeordnet ist, und ich stellte weiter fest, daß die Null für das elementare Nichts steht, aus dem das Universum erschaffen wurde. Ohne weitere Untermauerung könnte diese Aussage dogmatisch und unklar erscheinen. Nachdem jedoch mittlerweile die kabbalistische Lehre von den sephirotischen Emanationen des schöpferischen Nichts erklärt wurde, dürften die Schwierigkeiten beim Verständnis dieser Passage wohl ausgeräumt sein.

In ähnlicher Weise wird die eher überraschende Gleichsetzung von Kaninchen mit der Karte der »Welt« beziehungsweise des »Universums« durch die *Gematria* bekräftigt, die Kaninchens Namen die Summe von 615 zuweist, deren Quersumme wiederum 12 ergibt: die Anzahl der Tierkreiszeichen, ein offensichtliches Symbol für die Welt.

Nun kommen wir zu einem bislang unerforschten Aspekt der Puschen Welt. Schon lange haben interessierte Schüler über die seltsame Beziehung zwischen I-Ah und Oile nachgedacht. Auf den ersten Blick könnten die beiden unterschiedlicher kaum sein. Oile ist die herausragende Repräsentantin von Gelehrsamkeit und Bildung; I-Ah verabscheut dagegen beides – abgesehen von seinem mißlungenen Experiment mit dem Buchstaben A: »»Bildung!‹ sagte I-Ah bitter und sprang auf seinen sechs Stöcken herum. ›Was ist die Gelehrsamkeit?‹« Bis zum letzten Winter wohnte I-Ah allein, unbehaust in einer disteligen Ecke des Waldes; in deutlichem Gegensatz dazu erfahren wir: »Eule wohnte an einer Adresse namens ›Zu den Kastanien‹, einem Landsitz von großem Zauber, wie man ihn aus der Alten Welt kennt, und diese Adresse war großartiger als alle anderen.«

Milne und Shepard haben die beiden sichtlich voneinander getrennt gehalten. In *Pu Bär* tauchen sie

nur ein einziges Mal gemeinsam auf, und zwar ganz am Ende auf der Party, die Christopher Robin für Pu gibt. Und selbst hier ignorieren sie einander offensichtlich. Gegen Ende von *Pu baut ein Haus* sind sie sich dagegen nähergekommen. Auf Seite 314, als sämtliche Freunde von Christopher Robin zusammenkommen, um »eine Rissolution einzubringen«, sitzen die beiden nebeneinander.

Noch auffälliger ist, daß I-Ah und Eule auf dem allerletzten Bild, auf dem der gesamte Freundeskreis zusammen zu sehen ist, direkt neben Pu sitzen. Wie ist dieses Rätsel zu lösen?

Die Antwort darauf finden wir ausgerechnet im kabbalistischen Tarot. Dr. Robert Wang, die führende Autorität auf diesem Gebiet, verbindet den Narr mit seinem vermeintlichen Gegenteil, dem Eremiten, denn für ihn verkörpert der Eremit die Altersweisheit des Kindes (beziehungsweise des Narren). Und so wird uns die lange Trennung und letztliche Nähe von I-Ah und Oile begreiflich. Milne und Shepard waren anscheinend der Auffassung, daß es für ihre Leser zu verwirrend sein könnte, wenn sie ihnen gleichzeitig ein und dieselbe Figur in unterschiedlichen Altersphasen präsentieren würden. Die Vielzahl von Mißverständnissen und Fehldeutungen, auf die ich bei meinen Forschungen zu dieser kleinen und elementaren Abhandlung zu den okkulten Aspekten des Pu-

Textes gestoßen bin, beweisen nur allzu deutlich, daß Autor und Künstler mit dieser Einschätzung recht hatten.

Wie immer gaben sie jedoch dem aufmerksamen Leser einen Hinweis. In der ersten Episode, in der I-Ah eine Rolle spielt, wird erzählt, daß Pu I-Ahs fehlenden Schwanz als Klingelzug neben Oiles Haustür entdeckt. Auch Oile erscheint hier zum erstenmal. Die Bedeutung der Tatsache, daß beide gleich bei ihrer ersten Erwähnung zueinander in Beziehung gesetzt werden, ist evident. Inzwischen werden meine Leser sicherlich davon ausgehen, daß ich das Verfahren der *Gematria* auch auf den Zettel unter dem Klingelzug angewendet habe: BTTE KLNGLN FALS NTWORT RWATET WIRT. In der Tat habe ich das, und – unter Auslassung der Berechnungen, die besonders Interessierte jetzt selbst durchführen können – die Lösung ist sechs: die Sephira der Schönheit. Schönheit ergibt sich ganz natürlich, wenn die skeptische Jugend des Narren, hier durch I-Ah symbolisiert, und die erfahrene Weisheit des Eremiten, hier durch Oile versinnbildlicht, miteinander verschmelzen. Welche Antwort könnte sowohl in intellektueller als auch in ästhetischer Hinsicht befriedigender sein?

Die wissenschaftliche Beschäftigung mit Pu als Psychologen liegt außerhalb unseres derzeitigen Themengebietes, aber es wäre ein Fehler, nicht auf die Verbindung zwischen ihm und dem Vater der Psychoanalyse im Hinblick auf das vermeintlich abwegige Thema der Gematria zu verweisen. Leser, die Freuds *Zur Psychopathologie des Alltagslebens* kennen, werden bei den vorgestellten *Gematria*-Beispielen häufig ein Gefühl von Déjà-vu gehabt haben. Freuds Kapitel zwölf über *Determinismus* enthält eine längere Passage, in der es um Zahlen geht. Freud argumentiert, daß das Unbewußte die vermeintlich zufällige Auswahl von Zahlen determiniert, so daß die ausgewählte Zahl immer auf etwas für den Auswählenden Relevantes verweist. Die arithmetischen Manipulationen, die Freud einsetzt, um aussagekräftige Ergebnisse zu erzielen, erinnern stark an die der Kabbalisten, die *Gematria* praktizieren. Das wirft zwangsläufig eine Frage auf: War Freud insgeheim Kabbalist?

Eine derart bahnbrechende Vermutung verdient bei weitem mehr Aufmerksamkeit, als wir ihr hier widmen können. Wir überlassen sie – hoffentlich – der zukünftigen Forschung und wenden uns nun einem Aspekt von Pu zu, der nicht nur mindestens ebenso bahnbrechend ist, sondern auch sehr viel bedeutsamer für unsere derzeitige Beschäftigung mit den Weltmysterien.

10
PU UND DIE WEIBLICHEN
MYSTERIEN

Wir gelangen nun zur verblüffendsten Erkenntnis überhaupt. In meiner Einleitung sprach ich von der großen und unerwarteten Entdeckung, die ich im Zuge meiner Forschungen für dieses Buch gemacht habe, daß nämlich die esoterische Welt Pus die uralten weiblichen Mysterien umschließt. Mehr noch, gerade in Verbindung mit diesen vermittelt uns Winnie-*der*-Pu als höchster Magus des zweiten Jahrtausends die vielleicht wichtigste Botschaft überhaupt.

Die berühmtesten unter den ausschließlich weiblichen Mysterien waren der Kult der Bona Dea (die Gute Göttin) im alten Rom und die Thesmophorien im alten Griechenland. Aus den Thesmophorien entwickelten sich die Eleusinischen Mysterien, die auch für Männer zugänglich waren, eine deutliche Parallele zu der engen Verbundenheit von Pu und Känga. Beide griechischen Mysterien huldigten der mütterlichen Göttin Demeter. Was für Implikationen sich daraus ergeben, soll im weiteren Verlauf dieses Kapitels untersucht werden.

Meine Ankündigung in Kapitel eins hat vielleicht manche Leser so sehr verwundert, daß ihnen relevante Hinweise in den nachfolgenden Kapiteln nicht entgangen sind. Möglicherweise ist ihnen in dem Kapitel über Astrologie aufgefallen, daß die Zuordnung »Weiblichkeit gleich Sonne« und »Männlichkeit gleich Mond« nicht ohne Bedeutung ist. Zudem haben sie vielleicht die weiblichen Elemente bei der Darstellung von Historie und Symbolik der Alchemie registriert; die vielen kraftvollen weiblichen Figuren im Tarot, die gleichfalls starken weiblichen Einflüsse im Legendenkreis um König Artus und die Verbindung von männlicher und weiblicher Potenz in dem archetypischen Adam Kadmon der Kabbala.

Sehr viel überzeugender als alles, was ein bescheidener Kommentator dazu äußern könnte, sind natürlich die Worte des eigentlichen Textes. Eine Schlüsselpassage findet sich gleich zu Beginn unserer Erkundung, nämlich in dem Kapitel: »In welchem wir Winnie-dem-Pu … vorgestellt werden«, und natürlich verdient dieses erste Erscheinen des Großen Bären unsere volle Aufmerksamkeit. Christopher Robin hat also Eduard Bär soeben die Treppe hinuntergebracht. Dann:

Jedenfalls ist er jetzt unten angekommen und bereit, dir vorgestellt zu werden. Winnie-der-Pu.

Als ich seinen Namen zum ersten Mal hörte, sagte ich, genau wie du jetzt gleich sagen wirst: »Aber ich dachte, das wäre ein Junge?«

»Dachte ich auch«, sagte Christopher Robin.

»Dann kann man ihn doch nicht Winnie nennen, oder?«

»Tu ich ja gar nicht.«

»Aber du hast doch gesagt ...«

»Er heißt Winnie-*der*-Pu. Weißt du nicht, was *der* bedeutet?«

»Genau, genau, jetzt weiß ich es«, sagte ich schnell; und ich hoffe, du weißt es auch, denn mehr als diese Erklärung wirst du nicht kriegen.

Das kursivierte *der* ist offensichtlich das Schlüsselwort. Unter erneuter Anwendung der *Gematria* ermitteln wir die Dyade, das numerische Symbol von Yin und Yang, das ineinander verschlungene männliche und weibliche Prinzip! Nun endlich beginnen wir, die volle Bedeutung und die zutiefst androgynen Implikationen dieses bis dato verwirrenden Namens zu begreifen. Man beachte zudem, wie Christopher Robins Antworten verdeutlichen, daß er sich nicht anmaßt, den Großen Bären zu benennen: Er erkennt ganz einfach, daß er Winnie-*der*-Pu ist. Eine für ihn außergewöhnliche Intuition.

Wir sind nun also an die Schwelle geführt worden, doch es bleibt uns überlassen, diese Schwelle zu überschreiten und den eigentlichen Tempel zu betreten. Ich muß gestehen, daß ich mich eines bescheidenen Stolzes nicht erwehren kann, weil ich meinen ursinianischen Weggefährten bei der Durchführung dieser Aufgabe hilfreich vorangehen darf.

Einwände

Selbst angesichts dieser autoritativen Anleitung durch den vorliegenden Text mag es manchen Lesern schwerfallen, das weibliche Element in Pus Welt und besonders bei Pu höchstpersönlich zu akzeptieren. Sie könnten auf die Tatsache verweisen, daß Känga – mit Ausnahme von Eule – das einzige weibliche Wesen in dieser Welt ist und daß sie noch dazu zunächst als Eindringling betrachtet wird und alles andere als willkommen ist. Kritiker werden uns entgegenhalten, daß die erste Reaktion der alteingesessenen Waldbewohner darin besteht, sie und ihr Junges, Ruh, zu vertreiben.

Da diese Einwände durch den Text untermauert werden, können wir sie nicht leichtfertig außer acht lassen. Wir müssen sie sorgfältig prüfen, ohne dabei jedoch die überzeugenden Gegenbeweise zu übersehen.

Kaninchens Plan, Känga zu vertreiben

Kaninchen spricht Ferkel und Pu in dem ihm eigenen militärischen Stil an. Es redet von der Ankunft jenes fremden Tieres und schlägt dann vor, daß die Freunde gemeinsam Klein Ruh entführen und es nur unter der Bedingung wieder herausgeben sollten, daß die unwillkommenen Neulinge sich für immer verabschieden.

Auf den ersten Blick scheint dieser Vorfall eine entschieden misogyne Botschaft zu vermitteln. Kaninchens Haupteinwand gegen Känga lautet, daß es sich bei ihr um ein Tier handelt, »das seine Familie in der Tasche mit sich herumschleppt!« Wie bereits gesehen, war Kängas Beutel die größtmögliche noch tolerierbare Annäherung an die Darstellung des weiblichen Schoßes. Kaninchens Aversion richtet sich also im Grunde gegen Kängas Weiblichkeit. Es lehnt Känga auch deshalb ab, weil sie ein Neuankömmling ist, aber der Verdacht liegt nahe, daß dies ein Versuch ist, seine wahre Aversion gegen sie als weibliches Wesen zu verschleiern – die typische Taktik der Frauenfeinde, die wissen, daß das offene Eingeständnis

283

ihrer Vorurteile gesellschaftlich inakzeptabel geworden ist.

So weit, so schlecht für unsere These. Warten wir jedoch ab, was dann geschieht.

Der Plan glückt insofern, als es Kaninchen gelingt, Ruh davonzutragen, und Ferkel Ruhs Platz in Kängas Beutel einnimmt. Was aber passiert, als Känga nach Hause kommt und die Verwechslung entdeckt?

> Nur einen Augenblick lang dachte sie, sie hätte Angst, aber dann wußte sie, daß sie keine Angst hatte, denn sie war sicher, daß Christopher Robin nie zulassen würde, daß Ruh etwas Böses geschähe. Also sagte sie sich: »Wenn die sich mit mir einen Scherz erlauben wollen, werde ich mir mit ihnen einen erlauben.«

Sie tut so, als würde sie die Verwechslung gar nicht bemerken, und badet das protestierende Ferkel. Und wie sieht schließlich das Ergebnis von Kaninchens Plan aus, Känga und Ruh zu vertreiben? Das Kapitel schließt folgendermaßen:

> Also blieben Känga und Ruh im Wald. Und jeden Dienstag verbrachte Ruh mit seinem großen Freund Kaninchen ...

Man beachte die erstaunliche Veränderung von Kaninchens Haltung. Was geschieht, nachdem sein Entführungsversuch geglückt ist? »Kaninchen spielte bei sich zu Hause mit Klein Ruh und mochte das kleine Tier von Minute zu Minute lieber ...« Ruh ist Kaninchens guter Freund geworden. Haben wir es nun also mit einem Neuen Kaninchen zu tun?

Känga als Demeter

Mit Ausnahme der jüngeren Leser dieser Episode haben wohl alle die verblüffende Parallele zum alten griechischen Mythos von Demeter und Persephone (bei den Römern Ceres und Proserpina) bemerkt. Als Hades Persophone entführte und sie in die Unterwelt verschleppte, ließ ihre Mutter Demeter, die Göttin der Fruchtbarkeit, aus Zorn keine Saat mehr wachsen. Schließlich wurde ein Kompromiß gefunden: Persephone verbringt von nun an den Winter bei Hades in der Unterwelt und den Rest des Jahres auf der Erde mit der Mutter. Daraufhin normalisiert sich die Vegetation auf der Erde wieder.

Känga, die in unseren Texten die Fruchtbarkeit repräsentiert, ist offensichtlich ein Symbol für Demeter. Ruh übernimmt die Rolle Persephones. Wir haben bereits so viele Beispiele für die Umkehrung der traditionellen Rollenaufteilung entdeckt, daß uns dies nicht mehr erstaunt. Tatsächlich ist es für das Thema dieses Kapitels sogar besonders angemessen. Persephones regelmäßige Aufenthalte bei ihrem Entführer in der Unterwelt entsprechen Ruhs regelmäßigen Dienstagsbesuchen bei seinem Entführer Kaninchen.

Aber können wir Kaninchen als Stellvertreter von Hades, dem Gott der Unterwelt, akzeptieren? Ich gebe zu, daß diese Analogie nicht unbedingt ins Auge sticht. Nach kurzer Überlegung wird jedoch klar, daß sie völlig gerechtfertigt ist. Was sind denn schließlich die wichtigsten Charakteristika von Hades? Er war der Gott der Unterwelt – auf die sein Name häufig übertragen wird –, und er war ein gestrenger Richter.

Wir fragen also zunächst: Wer von den Waldbewohnern lebt unter der Erde? Natürlich Kaninchen. Dieser Umstand wird bei Pus frühem Besuch eindrucksvoll in den Vordergrund gerückt. Zudem dient die Wohnung als Ort der Initiation. Zweitens fragen wir, wer von Pus Freunden wohl am ehesten zu strengen Urteilen neigt. Erneut Kaninchen. Als Pu in Kaninchens Tür steckenbleibt – »›Das kommt alles daher‹, sagte Kaninchen *streng*, ›daß man zuviel ißt‹.« (Hervorhebung von mir) Und schließlich war es Kaninchens striktes Verbannungsurteil gegen Känga und Ruh, das zu dem Vorfall führt, mit dem wir uns nun näher beschäftigen. Einen abschließenden entscheidenden Beweis für die Känga-Demeter-Verbindung liefern die eingangs dieses Kapitels erwähnten griechischen Mysterien. Wie Sie sich erinnern werden, fanden beide zu Ehren Demeters statt, und bei beiden wurde ein Schwein oder ein Ferkel geopfert, möglicherweise ertränkt. Wer könnte bezweifeln, daß Ferkels Bad,

zu dem es von Känga gezwungen wird, eine heitere Parodie dieses Ritus darstellt?

Es gibt natürlich auch auffällige Unterschiede. Während Demeters Zorn katastrophale Folgen hatte, reagiert Känga nur kurz beunruhigt, ohne daß dies schlimme Folgen hätte. Von allen Freundschaften, die aus diesem potentiell destruktiven Vorfall erwuchsen, ist die zwischen Känga und Pu wohl die wichtigste. Diese Freundschaft wird schon präfiguriert, wenn wir nur wenige Seiten zuvor lesen: »Pu, der beschlossen hatte, ein Känga zu sein …«

Dies deutet klar auf die enge Beziehung zwischen dem weiblichen und dem männlichen Prinzip hin, die Thema dieses Kapitels ist.

Aber was ist mit Pus Beteiligung bei der Entführung von Klein Ruh?

Pu nimmt bei dieser Episode größtenteils eine deutlich distanzierte Haltung ein. Als Kaninchen ihn und Ferkel zu Beginn des Kapitels anspricht, stellt er im Grunde nur scheinbar irrelevante und sogar absurde Fragen. Kaninchen ist dadurch sichtlich gereizt und begreift gar nicht, daß Pu ihm wiederholt klarmachen will, daß der gesamte Plan völlig unangebracht ist.

Allerdings kooperiert Pu in gewisser Weise. Wie

bei der Falle für Heffalumps, so läßt er auch hier zu, daß ein unangebrachter Plan so weit verfolgt wird, daß sich seine ihm innewohnende Absurdität offenbart. Er selbst agiert natürlich primär als – zweifellos amüsierter – Beobachter. Interessanterweise besteht das Gedicht, das er rezitiert, um Känga abzulenken, während Ferkel in ihren Beutel hüpft, aus einer Sammlung unbeantworteter Fragen, die auf die Weigerung schließen lassen, sich den Verschwörern ernsthaft anzuschließen. Besonders beziehungsreich für das Thema von Verwechslung und Fehlidentifizierungen sind die letzten beiden Zeilen der dritten Strophe:

> Und frag mich leise (oft auch laut)
> Was ist wer und wo was?

Die mysteriöse Herkunft von Pu und Känga und die besondere Verbindung zwischen ihnen

Das erste, was wir über Känga und Klein Ruh erfahren, ist: »Niemand schien zu wissen, woher sie kamen ...« Wichtig ist, daß Pus Herkunft ebenso ungeklärt ist wie die ihre. Als Ferkel seinen Großvater Betreten V erwähnt, überlegt Pu, wie Sie sich erinnern werden, wie ein Großvater wohl ist. »Großvater« steht hier natürlich für Patriarchat, so daß durch diese kurze Passage klar wird, daß das Patriarchat keinen Ort in Pus Psyche hat. Es ist nichts, das er abgelehnt hätte: Es ist ihm einfach zutiefst fremd.

Zu Beginn des Kapitels, in dem Känga und Ruh vorgestellt werden, lesen wir, daß Pu sich bei Christopher Robin erkundigt, wie diese Neulinge hergekommen sind, und der antwortet:

> »Auf die übliche Weise, wenn du weißt, was ich meine, Pu«, und Pu, der nicht wußte, was Christopher Robin meinte, sagte: »Aha!« Dann nickte er zweimal mit dem Kopf und sagte: »Auf die übliche Weise. Soso!«

Daß es noch immer Leser zu geben scheint, die zu der Ansicht neigen, Milne wolle mit dieser Passage Pus Ignoranz herausstellen, stimmt mich traurig. Was Pu natürlich *wirklich* nicht wußte, war, daß Känga und Ruh auf die übliche Weise gekommen waren. Denn das waren sie natürlich auch nicht. Sein profundes, intuitives Wissen muß ihm vermittelt haben, daß sie alles andere als üblich waren.

Die besondere Verbindung zwischen Pu und Känga tritt an mehreren Stellen zutage. Sie arbeiten zusammen, um Ruh aus dem Fluß zu fischen, als es während der Nordpolexpotition ins Wasser fällt.

Ruhs erster gesellschaftlicher Auftritt erfolgt auf einer Party, die Pu zu Ehren gegeben wird. Man beachte, daß Ruhs erste Worte bei dieser Gelegenheit lauten: »Hallo, Pu!« Der Große Bär zollt ihm sofort Anerkennung: »Hallo, Ruh!« Wieder müssen wir uns klarmachen, daß nichts im Pu-Mythos zufällig geschieht. Selbst vordergründig konventionelle Höflichkeitsfloskeln sind bedeutungsschwanger.

Tieger liefert uns eines der wichtigsten Beispiele dafür, wie Pu und Känga zusammenarbeiten. Pu heißt Tieger gastfreundlich im Wald willkommen. Känga dagegen »wußte sofort, daß Tieger, auch wenn er größer wirkte, soviel Freundlichkeit wie Ruh brauchte.« Und sie demonstriert diese Freundlichkeit mit Taten. Tieger stellt fest, daß Ruhs Malzextrakt das ist, »was Tieger mögen«.

Und das erklärt, warum er danach für alle Zeiten bei Känga wohnte und Malzextrakt einnahm, zum Frühstück, zum Mittagessen und zum Tee. Und manchmal, wenn Känga fand, daß er eine kleine Stärkung gebrauchen konnte, nahm er nach den Mahlzeiten noch einen oder zwei Eßlöffel Ruhfrühstück als Medizin.

Mittlerweile ist uns deutlicher geworden, wie wichtig Känga ist. Wir sehen in ihr die Erdmutter, das Symbol der Fruchtbarkeit. Das alles macht sie zu einer wesentlich stärkeren Figur, als man bislang annahm. Dennoch verharrt sie in der stereotyp weiblichen Rolle der fürsorglich pflegenden Mutter. Das gleiche gilt auch für ihre Rolle als Hüterin der Ordnung: »Nun war es aber so, daß Känga sich an jenem Morgen recht mütterlich gefühlt hatte und Sachen zählen wollte – Ruhs Unterhemden zum Beispiel, und wie viele Stücke Seife übrig waren …« Ihr Umgang mit Tieger läßt einen wesentlich machtvolleren Aspekt erkennen.

In unserem Kapitel über den Tarot habe ich auf eine Karte mit der Bezeichnung »Die Kraft« aufmerksam gemacht, auf der eine Frau dargestellt ist, die Gewalt über eine Raubkatze, für gewöhnlich einen Löwen, hat. In jenem Zusammenhang genügte es, auf Kängas ähnlich leichthändige Beherrschung des ungestümen Tiegers zu verweisen.

Die großen Göttinnen der antiken Welt wurden häufig mit Tieren dargestellt: Stiere, Schlangen, Tauben und Bienen. Besonders aber mit Großkatzen, vor allem mit Löwen. Eine zirka 6000 v. Chr. entstandene Terrakotta-Skulptur zeigt eine Muttergöttin als Gebärende zwischen zwei Löwen oder Leoparden. Ein großer Sprung bringt uns in die Zeit um 1600 v. Chr.: Ein Siegel zeigt eine Göttin auf einem Berg, rechts und links flankiert von zwei Löwen. Aus dem zweiten Jahrhundert n. Chr. stammt eine römische Bronzestatue der Muttergöttin Kybele in ihrem Streitwagen, der von zwei Löwen gezogen wird.

Diese kleine Auswahl legt beeindruckend Zeugnis ab von der ehrfurchtgebietenden Macht einer Überlieferung, die über sechstausend Jahre umspannt. Jetzt können wir allmählich Kängas wahre Bedeutung erfassen und auch, wie angemessen ihre enge Freundschaft zu Pu ist. Doch damit ist noch längst nicht alles gesagt.

Ein Vasenbild, das ungefähr aus dem fünften Jahrhundert n. Chr. stammt, stellt die Göttin Artemis mit einem Löwen dar, den sie sich ganz offensichtlich unterworfen hat. Nun hatte Artemis, die Herrin der wilden Tiere, eine besondere Verbindung zu *Bären* und mag in manchen frühen Mythen sogar selbst Bärengestalt angenommen haben. Gesichert ist jedenfalls, daß die ihr dienenden jungen Mädchen als ihre Bärinnen bezeichnet wurden. In manchen späteren Versionen wird ihre Gefährtin, die Nymphe Kallisto, in eine Bärin verwandelt und ihr Sohn als Sternbild Großer Bär an den Himmel versetzt. Ein überzeugenderer Beweis für die ganz besondere Verbindung zwischen Winnie-*dem*-Pu und Känga ist wohl kaum vorstellbar.

293

Und doch gibt es ihn, wie ich im folgenden zeigen werde. Wir kennen Artemis zwar als griechische Gottheit, aber ihre Ursprünge sind alles andere als griechisch. Sie kam aus dem Norden, aus dem von den Griechen so genannten Land jenseits des Nordwindes, also den Polargebieten.

Es gibt noch mehr Beweise, um die Skeptiker zu überzeugen. Wir wissen, daß Artemis vor allem die jungfräuliche Jägerin war. Aber sie war auch eine Geburtsgöttin. Das ist gar nicht so paradox, wie es vielleicht den Anschein hat. Denn in uralter Zeit war eine Jungfrau nicht unbedingt eine Frau, die noch nie Sexualität erlebt hatte: es bedeutete lediglich, daß sie nie ein männliches Wesen als Herrn akzeptiert hatte. Es ist aufschlußreich, daß wir nichts über einen Gefährten für Känga oder einen Vater für Ruh erfahren. Wie zahlreiche Fruchtbarkeitsgöttinnen ist sie vollkommen autark.

Der Bär ist nicht nur speziell mit Artemis verbunden, er gilt auch als das älteste heilige Tier, als das er schon um 75 000 v. Chr. verehrt wurde. (So gibt es beispielsweise Belege für einen Bärenkult, der von den Neandertalern gegen Ende der letzten Eiszeit praktiziert wurde.) Außerdem, und damit kommen wir zu einer weiteren erstaunlichen Ähnlichkeit, waren die ältesten heiligen Bären Weibchen. Die möglicherweise früheste Darstellung mütterlicher Liebe in Abgrenzung zur reinen Fruchtbarkeit ist die Statue einer heiligen Bärenmutter, die ihr Junges liebkost (ca. 4500 v. Chr.).

Der alte Glaube, daß das Bärenjunge gestaltlos geboren wurde und von seiner Mutter erst in Form geleckt werden mußte, war nicht nur ein seltsames und völlig haltloses Märchen. Es war auch ein Symbol für die gestaltgebende Macht des heiligen Tieres oder, besser gesagt, der Muttergöttin, die von der Bärin repräsentiert wurde.

Die Bedeutung von Känga als Känguruh

Eingedenk der Tatsache, daß wir bei unserer Erforschung des Geheimnisvollen und Fernen nie das Offensichtliche und Naheliegende übersehen sollten, kehren wir nun von Kängas symbolischen Verbindungen mit Artemis und Bären zurück zu dem, was am offensichtlichsten ist: sie ist ein Känguruh. Falls es unter meinen Lesern einige gibt, die D. H. Lawrence' Gedicht »Känguruh« nicht kennen, so lege ich ihnen die Lektüre wärmstens ans Herz. Es ist eines seiner schönsten lyrischen Werke. Zudem enthält es viele Passagen, die unser Bild von Känga erhellen können. Ich widerstehe der Versuchung, ausführlich zu zitieren, und möchte mich hier auf einige wenige, ungemein bedeutsame Zeilen konzentrieren.

Empfindsame Mutter Känguruh
sitzt aufrecht nach Kaninchenart,
aber riesig, schwergewichtig.
Und hebt ihr wunderschön schlankes
Gesicht, ach! so unendlich viel sanfter
und feiner als das eines Kaninchens
oder Hasen

Nachdem wir gerade erst über Kaninchens anfängliche Feindseligkeit und letztliche Versöhnung mit
Känga und Ruh gelesen haben, muß es uns schon
fast unheimlich erscheinen, daß Lawrence die beiden miteinander verknüpft, und zwar sowohl im
Vergleich als auch durch Kontrastierung. War etwa
auch Lawrence ein esoterischer Ursinologe? Die
folgenden Zeilen legen dies nahe. Er beschreibt

...ihre großen Hinterbacken
Und zusätzlich die große muskulöse
Python-Länge ihres Schwanzes.

Dann wendet sie sich ab:

Auf den langen flachen Skiern ihrer Beine,
Gelenkt und vorangetrieben durch diesen
stahlstarken Schlangenschwanz.

Die Zeilen betonen ihre Stärke ebenso wie ihre Schönheit und Sanftheit. Aber ihr Schwanz ist nicht nur »stahlstark«, er hat auch »Python-Länge«. Die Schlange war eines der mächtigsten alten Symbole der Weisheit und Kraft, und die Urpython war der Drache beziehungsweise die Schlange, die den Schrein des Orakels in Delphi bewachte. Nach diesen eindrucksvollen – und, wie ich glaube, bislang unbemerkten – Anspielungen auf Känga im Werk von Lawrence, komme ich nun zum Schluß des Gedichts:

> Also spring und lande auf jener Bahn, die
> hineinlockt ins tiefe schwere Zentrum der
> Erde.

Das Wort »spring« verweist uns zurück auf die bereits erwähnten Passagen, in denen wir erfahren, daß Pu beschlossen hatte, ein Känga zu sein, und Springunterricht bekommt. Dabei drängen sich wohl jedem Leser zwei Fragen auf. Erstens, wie ist die verblüffende Umkehrung der konventionellen Rollen zu erklären, durch die Känga zur Lehrerin und Pu zum Schüler wird? Zweitens, will Pu Springen lernen?
Eine erste Antwort auf die erste Frage könnte lauten, daß selbst die größten Weisen in rein technischen und relativ unbedeutenden Bereichen gele-

gentlich Anleitung brauchen, und Springen könnten wir als einen solchen Bereich einstufen. Ich bin überzeugt, daß meine Leser diese plausible, aber dürftige Erklärung intuitiv verwerfen werden. Und daran tun sie gut.

Bereits mehrmals und in bezug auf viele verschiedene Formen des esoterischen Weges haben wir erlebt, daß Winnie-der-Pu den jahrhundertealten Drang illustriert, sich über die irdischen Begrenzungen zu erheben. Auch wenn er dabei große Erfolge zu verzeichnen hatte, sie waren doch stets von äußeren Hilfen abhängig: der Baum, der Ballon oder die Treppe. Kängas gewaltige Sprünge symbolisieren einen Weg der Transzendenz ohne äußere Hilfen, nur durch den Einsatz der ihr eigenen Kräfte. Wie ein wahrer Magus verbindet Pu die Weisheit, seine bestehenden Grenzen zu erkennen, mit der Zuversicht, sie zu durchbrechen, und der Demut, von anderen zu lernen. Damit haben wir beide oben gestellten Fragen beantwortet, und wir können das zwanglose Zusammenwirken von Pu Bär und Känga besser begreifen und begeisterter bewundern.

Werfen wir nun einen erneuten Blick auf die letzte Zeile von Lawrence' Gedicht, wobei wir dem zweiten Teil besonderes Augenmerk schenken wollen. Da ist die Rede davon, daß das Känguruh nach dem Sprung auf jener »Bahn« landet, »die hineinlockt ins tiefe schwere Zentrum der Erde«.

Damit haben wir den letzten Hinweis, den wir zur Beantwortung der Frage brauchten, die mit dem ersten Satz des derzeit zur Diskussion stehenden Kapitels aufgeworfen wird: »Niemand schien zu wissen, woher sie kamen, aber da waren sie nun, im Wald …« Känga selbst wußte es natürlich, und Pu ebenso. Seine diesbezügliche Frage an Christopher Robin war keine Bitte um Information, sondern die Frage eines Prüfers an einen Kandidaten, ein Test, den Christopher Robin wieder einmal nicht bestand, ja, den er noch nicht mal als solchen erkannte. Gerade habe ich festgestellt, daß Lawrence' Gedicht den letzten Hinweis zur Lösung dieses Rätsels liefert. Ich möchte nun die anderen auflisten. Um meine Leser in die Lage zu versetzen, der Beweisführung möglichst mühelos zu folgen, gebe ich bei jedem Hinweis die jeweilige Belegstelle an. Zur Vermeidung langatmiger Wiederholungen verwende ich die in der Forschung übliche Abkürzung für Titel und Kapitelzahlen, also: PDB. 3 für *Pu der Bär,* Kapitel drei; PBEH. 1 für *Pu baut ein Haus,* Kapitel eins. Bei der Betrachtung dieser Hinweise stellen wir folgendes fest:

1. Winnie-der-Pu wird eindeutig und durchgängig als Braunbär dargestellt. Wenn aber Christopher Robin ihn im Zoo besucht, »geht er zu den *Eisbären*« (Hervorhebung von mir). (»Vorstellung« von PDB.)

2. Sosehr Pu die Sonne auch genießt, er scheint sich im Schnee ebenso wohl zu fühlen. Im Schnee geht er auf Wuscheljagd. (PDB. 3) Seine Liebe zum Schnee findet ihren noch deutlicheren Niederschlag in seinem speziellen Lied, »das man im Freien und im Schnee singen muß.« (PBEH. 1)

3. Er entdeckt den Nordpol. Man beachte, daß sowohl Känga als auch Klein Ruh bei dieser Expotition eine wichtige Rolle spielen. (PDB. 8)

4. Als Pu Christopher Robin nach anderen Polen befragt, erwidert der, daß es einen Südpol gebe, »und ich nehme an, daß es auch einen Ostpol und einen Westpol gibt, obwohl man im allgemeinen nicht gern über sie spricht.« (PDB. 9)

5. »... also ging Pu alleine los, um den Ostpol auf eigene Faust zu entdecken.« (PDB. 9)

6. Pu träumt: »Er war am Ostpol, und es war ein sehr kalter Pol, über und über mit der kältesten Sorte Schnee bedeckt.« (PDB. 9)

7. Känga steht unter anderem für Artemis, die ursprünglich aus dem Land »Jenseits des Nordwindes«, also dem Nordpolargebiet stammte. Als Känguruh kommt sie jedoch aus der südlichen Hemisphäre. Lawrence' Känguruh ist explizit »antipodisch«.

8. Känga landet »auf jener Bahn, die hineinlockt ins tiefe schwere Zentrum der Erde«.

Wenn wir all das zusammen betrachten, so führt uns das unweigerlich zu folgenden Schlußfolgerungen: Die ersten drei Hinweise begründen eine besondere Affinität zwischen Pu und den Polargebieten. Der dritte verknüpft auch Känga mit dem Nordpol, und diese Verknüpfung wird durch ihre symbolische Rolle als Artemis-Figur (7) zusätzlich untermauert. Der vermeintliche Widerspruch zwischen diesem Umstand und ihrer antipodischen Funktion hebt sich auf, wenn wir genauer über die Bahn nachdenken, »die hineinlockt ins tiefe schwere Zentrum der Erde«. Mit Sicherheit werden selbst die größten Skeptiker zugestehen, daß es sich bei dieser Bahn um die Achse handeln muß, die die beiden Pole miteinander verbindet: ein wunderbares Symbol jener Vereinigung von Gegensätzen, die kennzeichnend ist für so viele esoterische Systeme. Bevor wir noch eine weitere esoterische Ebene von Pus Welt enthüllen, muß ich noch eine Frage beantworten, die meinen Lesern gewiß nicht aus dem Kopf geht: Was ist mit den Hinweisen vier bis sechs? Vor allem, was ist mit Pu und dem Ostpol?

Die Erdachse

Ein Blick auf einen Globus, und sei er auch noch so klein, zeigt uns, daß die Erdachse nicht senkrecht verläuft, sondern in einem Winkel von 23,5 Grad geneigt ist. Viele maßgebliche Quellen sprechen davon, daß die Achse früher einmal senkrecht war. Die Frage, wann und wie sich das geändert hat, erfordert bei weitem zuviel Raum, um hier behandelt zu werden. Begnügen wir uns mit einer knappen Darstellung der Theorie des originellen, aber leicht exzentrischen französischen Philosophen Charles Fourier (1772–1837), derzufolge eine äußerst dramatische Verschiebung der Erdachse von über neunzig Grad stattgefunden hat. Nach Fourier befand sich der gegenwärtige Nordpol genau im Westen und wanderte allmählich ostwärts bis zu seiner jetzigen Position. Ursprünglich herrschte demnach am Nordpol ein gemäßigtes Klima, während die jetzigen östlichen Gebiete so kalt waren wie der Nordpol heute.

Vor diesem Hintergrund können wir Pus Traum von einem eiskalten Ostpol als ein, wie die Philosophen sagen, Gedankenexperiment deuten, um Fouriers Theorie auf die Probe zu stellen, oder – und das ist die faszinierendere Vorstellung – als Erinnerung an seine eigene ferne Vergangenheit.

So interessant diese Spekulationen auch sein mögen, sie scheinen doch eher in den Bereich der Kosmologie zu gehören, als daß sie sich auf die alten Menschheitsmysterien beziehen. Das eine ist jedoch nicht völlig vom anderen zu trennen, denn viele deuten die weitverbreiteten Mythen von einem ehemaligen Goldenen Zeitalter, einem irdischen Paradies, dem Garten Eden, als verschwommene und doch wirkungsmächtige Erinnerungen an eine Zeit, als eine senkrechte Erdachse für ein ausgeglicheneres Klima sorgte. Auf ihre ganz eigene Weise zeugt Pus Welt von der ungebrochenen Macht dieses Mythos. Im Augenblick geht es mir jedoch mehr um die mystische und weniger um die physikalische Bedeutung der Erdachse. Und die Auseinandersetzung damit führt zwangsläufig zu einem anderen irdischen Paradies, der Welt von Sambhala.

Eine weitere Dimension:
Ist Pus Welt Sambhala?

Nachdem wir die alte Vorstellung einer wie auch immer gearteten polaren Verbindung zwischen Erde und Himmel vorgestellt und die Theorie einer ehemals senkrechten Erdachse besprochen haben, können wir uns nun mit dem in esoterischen Kreisen bekannten Glauben an zwei mysteriöse »Orte« beschäftigen, Sambhala und Agartha. Beide Namen finden sich auch in anderen Schreibweisen. Und nicht nur ihre Orthographie variiert. Unterschiedliche Okkultisten vermuten sie an Orten, die voneinander so weit entfernt sind wie der Himalaya, die Wüste Gobi und sogar Südamerika.

Die ganze Geschichte ist zu lang und komplex, um hier eingehend untersucht zu werden. Wichtig ist der Glaube, daß der Nordpol ein irdisches Paradies war, und zwar sowohl spirituell als auch materiell. Als sich die Erdachse verschob, verschob sich auch die spirituelle Mitte. Wie bereits erwähnt, ist umstritten, *wohin* sie sich verschob. Manche Polaristen – ein verbreiteter Name für die Anhänger des Glaubens, daß den Polargebieten irgendeine mystische Qualität eigen ist – vermuten, daß dieses Paradies eine böse Gegenseite hatte. Um die Dinge noch weiter zu komplizieren – ach, wäre doch alles so klar wie der Text *unseres* Autors! –, nennen einige das paradiesische Land Sambhala und das böse Agartha; andere halten es genau umgekehrt.

Den Lesern werden die Anführungszeichen vor und hinter dem obenstehenden Wort »Orte« aufgefallen sein. Damit wird der Tatsache Rechnung getragen, daß es dazu drei verbreitete Glaubensvorstellungen gibt: 1. Sambhala ist ein realer Ort mit einer geographischen Lage, wie verborgen auch immer. 2. Es ist lediglich ein geistiger Zustand, der durch Meditation und andere Formen der Versenkung erreicht werden kann. 3. Es ist ein geistiger Zustand, der jedoch mit einem realen Ort verbunden ist.

Sowohl bei der Wahl des Namens als auch im Hinblick auf den Charakter von Sambhala lasse ich mich gerne von der Autorität des derzeitigen Dalai Lama leiten, der festgestellt hat, »auch wenn Sambhala ein reales Land ist – ein reales reines Land –, ist es gewöhnlichen Menschen nicht beliebig zugänglich, beispielsweise indem sie sich ein Flugticket kaufen.« Kann man sich eine bessere Bestätigung für die vorausgegangenen Hinweise denken, daß Pus Welt die umfassendste Verkörperung des irdischen Paradieses ist, die je ersonnen wurde? Kann man sich eine bessere Beschreibung dieser Welt denken als folgende: »ein reales Land«, das aber nicht durch herkömmliche, körperliche Formen des Reisens zu erreichen ist?

Achse und Tempel in alter Zeit

Wir kehren nun aus diesen recht spekulativen Regionen zurück zur fundierten Geschichte. Viele alte Völker glaubten, daß die Erdachse irgendwie bis zu den äußeren Grenzen des Universums reichte. Viele alte Tempel befanden sich an Stellen, von denen die Erbauer annahmen, daß sie die irdische Spitze dieser Achse waren. Tempel dieser Art sollten die Linie der Achse verlängern – und zwar im strengen Wortsinn –, um die Erde mit dem Himmel zu verbinden. Der Tempel von Nippur in Babylonien wurde Dur-an-ki genannt, »Band zwischen Himmel und Erde«. Die spektakulärsten Beispiele waren die altsumerischen Zikkurats aus dem dritten Jahrtausend v. Chr. Sie bestanden aus einer Stufenpyramide, die von Gläubigen bestiegen werden konnte. Der Turmbau zu Babel berichtet wahrscheinlich vom Bau eines solchen Tempels, mit feindseligen hebräischen Augen gesehen.

All das scheint uns weit von Pus Welt zu entfernen, in der es keinerlei großdimensionierte Architektur gibt. Wir dürfen jedoch nicht das einzige Bauwerk vergessen, bei dessen Entstehung wir Zeugen sind, nämlich das Haus, das Pu und Ferkel für I-Ah errichten. Auf den ersten Blick wird ein unwissendes Auge in Shepards Darstellung dieses Hauses wohl kaum eine Zikkurat sehen. Glücklicherweise sind unsere Augen nicht unwissend. Wir wissen, daß diese mächtigen Tempel auf eine lange Ahnenreihe von weit einfacheren Bauten zurückgingen. Baring und Cashford schreiben in ihrem großartigen Werk *The Myth of the Goddess,* daß der Tempelbau sich aus »dem Kuhstall und der Schafhürde« entwickelte. Es ist daher also keineswegs weit hergeholt, wenn wir feststellen, daß Shepards Bild deutlich eine Frühform darstellt, die in unseren Augen ihre zukünftige Entwicklung impliziert.

Unsere Interpretation wird durch die Hauptfiguren dieser Episode bestätigt. Die Erbauer sind der Große Bär und Ferkel, sein ausgewählter Schüler. Nutznießer des Baus ist I-Ah, der, wie wir in dem Tarot-Kapitel gesehen haben, der Frager ist. Indem sie ihn in seiner Protozikkurat unterbringen, führen sie ihn symbolisch an seinen Aufstieg zu den Höheren Welten heran.

Die anderen

Auf den letzten Seiten haben wir uns auf Pu und Känga konzentriert, ohne dabei Ruh zu vergessen. Aber auch Pus sonstige Freunde haben Bezug zu den weiblichen Mysterien. Nicht nur, daß Ferkel beim Bau der Protozikkurat hilft, es erinnert uns auch an die alten Schweine-Göttinnen des Nahen

Ostens. Und Tieger wurde bereits des öfteren als symbolischer Löwe ausgewiesen.

Auch wenn Eule mit eher männlichen Eigenschaften ausgestattet ist, zum Beispiel wenn sie sich gegen Kängas Versuche zur Wehr setzt, Ordnung in ihr Studierzimmer zu bringen, so muß daran erinnert werden, daß die Eule traditionell der Begleitvogel zahlreicher alter Göttinnen war. Ein viertausend Jahre altes Relief der sumerischen Göttin Inanna-Ishtar zeigt sie mit zwei Eulen und zwei Löwen, und wir alle kennen die Eule als Begleiterin von Pallas Athene, der Göttin der Weisheit. Jene Mächte, deren Wirken ich wiederholt bei der Arbeit an diesem Band verspürt habe, inspirierten wohl auch Shepard, als er das Bild von Eule malte, wie sie über die weite Wasserfläche der Großen Überschwemmung fliegt, ein Bild, das diejenigen kennen, die bei ihren weiterführenden Studien mit der kolorierten Ausgabe von *Pu der Bär* arbeiten. Dieses Bild verweist unzweifelhaft auf die neolithische Vogelgöttin, die oft in Gestalt einer Eule übers Wasser flog.

Kaninchens revolutionäre Entwicklung hin zu einer fürsorglicheren Rolle haben wir bereits erwähnt. Gewiß ist den Lesern auch die wiederholte Erwähnung von Kaninchens Bekannten-und-Verwandten aufgefallen. Zweifellos ein eingängiges Symbol für Fruchtbarkeit, das der nahezu sprichwörtlichen Fruchtbarkeit der Kaninchen Rechnung trägt. Auch I-Ah legt eine fürsorgliche Haltung an den Tag, einmal, als er versucht, Ruh zu retten, indem er seinen Schwanz ins Wasser hängen läßt, und ein anderes Mal, als er sich der Suche nach Klein anschließt. Zugegeben, seine Bemühungen bleiben fruchtlos, aber sein guter Wille ist unbestritten. Er verdient die Belohnung, als er beim Abschied von Christopher Robin den Ehrenplatz erhält.

Falls unter meinen Lesern vielleicht der eine oder andere den Eindruck gewonnen hat, ich sei gelegentlich vom Thema der weiblichen Mysterien abgeschweift, so möchte ich daran erinnern, daß sich dieses Kapitel gegen alle starren und einengenden Geschlechterrollen zur Wehr setzt, und zwar durch die Betonung der erstaunlichen Ähnlichkeiten, ja, der Beinahe-Identität von Pu und Känga. Ebenso, wie wir Kängas majestätische Macht – und sogar ihre potentielle Wildheit – anerkennen müssen, sind wir gehalten, auch die behütenden und fürsorglichen Elemente in Winnie-*dem*-Pu wahrzunehmen. Allerdings ist allen Bewohnern von Pus Welt die Anerkennung der weiblichen Mysterien ebenso gemein, wenn auch mitunter indirekt, wie die Akzeptanz von deren modernem Äquivalent: der Zusammenbruch der Aufteilung in starre Geschlechterrollen.

Zudem dürfen wir nicht vergessen, daß gerade die Beschäftigung mit den weiblichen Mysterien Pus und Kängas mysteriöse Herkunft erhellte und uns in die Lage versetzte, die volle Bedeutung von Pus Welt als Verzaubertem Ort zu ermessen.

Mit diesem überzeugenden Höhepunkt kommen wir zum Ende unserer knappen Einführung in die okkulte Weisheit des Großen Bären.

Schlußbetrachtung

Nun hat sich der Kreis geschlossen. Zu Beginn beschäftigten wir uns mit dem Großen Bären am Polarhimmel, am Ende mit dem polaren Sambhala-Mythos. Tatsächlich wurde mir persönlich die esoterische Bedeutung von Winnie-*dem*-Pu bei der Betrachtung des nördlichen Nachthimmels bewußt. Ich zweifle nicht daran, daß diese Offenbarung das Werk der Höheren Welten war und daß sie mich auf den Weg geführt hat, den meine Leser und ich nun gemeinsam beschritten haben.

Dieser Weg entfaltete sich mit unwiderstehlicher Folgerichtigkeit. Die Doppelbedeutung des Großen Bären als Sternbild und als Pu Bär erschloß uns die tiefe astrologische Dimension jener Texte, die wir so oft genossen und doch so wenig verstanden haben. Die Astrologie führte uns zwangsläufig zur Alchimie, und diese beiden Bereiche waren von alters her in der hermetischen Philosophie miteinander verbunden.

Die Beschäftigung mit dem Tarot vertiefte unsere Bewunderung für den Enormen Verstand von Pu Bär und steigerte zugleich unsere Wertschätzung seiner Gefährten, besonders vielleicht die von I-Ah. Die Vorsatzblätter des Pu-Textes verwiesen ganz eindeutig auf Pu als Druiden, und seine Rolle als Bär der Bäume wird ihn jedem unter uns, dem die Umwelt am Herzen liegt, noch sympathischer machen. Die anhaltende Lebenskraft des Pu-Zyklus entspricht offensichtlich der noch längeren Lebenskraft des Legendenkreises um König Artus. Zudem erwächst Christopher Robin daraus eine würdevollere Position, wenn er, der Artus, eng verbunden wird mit Pu als Merlin. Pus Rolle als Leitfigur für seine Freunde wird deutlich, wenn wir den Blick dafür entwickeln, wie er seine Gefährten, soweit es deren Natur erlaubt, auf den Weg der Erleuchtung führt – ein Prozeß, bei dem Ferkel den spektakulärsten Erfolg zeitigt.

Die Kabbala offenbart Winnie-*den*-Pu als Meister jenes höchsten Weltmysteriums. Ihre Numerologie erhärtet viele Vermutungen und löst zudem etliche Rätsel, besonders das um Oile.

Wenn wir zum letzten Kapitel gelangen, sind wir mittlerweile bestens auf die verblüffendste Erkenntnis überhaupt vorbereitet: daß nämlich die vordergründig maskuline Welt Pus die tiefgründigsten weiblichen Mysterien umschließt.

Aber vielleicht sind wir ja endlich so weit gekommen, Pus Welt als mythologische Welt zu begreifen, vergleichbar jenen anderen mythologischen Welten: dem Garten Eden, der Goldenen Welt, dem Reich Logres, Sambhala. Sie ist nicht nur eine mythologische Welt, sondern auch eine mystische Welt, und wie bei allen mystischen Welten führt der Weg sowohl durch sie hindurch als auch zu ihr hin. Die Reise zu ihr ist an sich schon eine Erkundung ihres Inneren.

Der Titel unserer Studie verhieß, daß das profunde Wissen von Winnie-*dem*-Pu um die Weltmysterien offenbart werden sollte. Die überwältigende Fülle von Beweismaterial erleichterte uns die Arbeit. Ich

versprach indes auch, ihn als den größten Magus des dritten Jahrtausends vorzustellen. Im gesamten Text des vorliegenden Bandes gab es viele Verweise darauf, doch vielleicht antizipiert gerade das letzte Kapitel am deutlichsten unsere Hoffnungen für die kommende Ära. Das vermeintliche Kinderbuch wird uns nun zum Modell für menschliche Beziehungen und die humane Gesellschaft schlechthin.

Benjamin Hoff

PU DER BÄR, FERKEL UND DIE TUGEND DES NICHTSTUNS

Der weise Bär auf den Spuren des Lao-tse

288 Seiten, gebunden

Pu und Ferkel begeben sich auf die Spuren des Taoismus. Dort begegnen sie nicht nur dem großen chinesischen Philosophen Lao-tse, sondern sie lernen auch wunderbare Dinge über das Nichtstun – selbst Pu, schon immer ein Meister in dieser Bären-Disziplin. Denn auf dem Weg in den Zustand der »vollkommenen Tugend« muß man alles abstreifen, was die Harmonie mit dem Tao, mit der Natur, mit dem Fluß des Lebens verhindert.

Hoffmann und Campe

John Tyerman Williams

JENSEITS VON PU UND BÖSE

*Der Bär von enormem Verstand
und die Philosophie*

240 Seiten, gebunden

Ein wunderhübsches philosophisches Kinderbuch
für Erwachsene: Kinder in aller Welt wissen längst,
daß die sogenannten Meisterdenker des Abendlan-
des nur Vorläufer von Pu waren. Sie können sich
jetzt auf amüsante Weise darlegen lassen, wie die
europäische Geistesgeschichte auf Leben und Taten
dieses höchst populären Bären von angeblich nur
sehr geringem Verstand zulief.

Hoffmann und Campe

Ethan Mordden

FIT MIT PU

Des starken Bären natürlicher Weg zu Schönheit und Kraft

224 Seiten, gebunden

Pus Fitneßprogramm jenseits aller ausgetrete-
nen Trimm-dich-Pfade: Honichtopf-Paddeln, Vom-
Baum-Fallen, Pusteblumen-Blasen, Windgehen,
Ungestüm-Sein. Und die wichtigste Übung: Das
Ausruhen nach dem Training.

Hoffmann und Campe